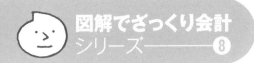

新日本有限責任監査法人［編］

リース会計
のしくみ

中央経済社

刊行にあたって

　本書は，2013年3月に刊行しました「図解でざっくり会計」シリーズの第8弾として，「リース会計のしくみ」についてわかりやすく解説した入門書です。リース会計をはじめて勉強される方でも容易に理解できるよう，リース会計基準の考え方，会計処理，その他の論点について基礎から学べる内容となっています。

　企業の状態を把握するうえで，財務諸表を理解することは必要不可欠となっていますが，めまぐるしく変化し，より複雑化する会計基準は，それを困難なものとしています。そのような中で，より多くの方に会計・経理について理解ないしは学習していただきたいとのコンセプトのもと，わかりづらいと言われている会計論点を基礎から理解いただける形式でシリーズ化したものが，「図解でざっくり会計」シリーズです。既に，「税効果会計」「退職給付会計」「金融商品会計」「減損会計」「連結会計」「キャッシュ・フロー会計」「組織再編会計」の7巻が本シリーズでは刊行していますが，今回，これらに「リース会計」を加えることとしました。

　本書でも，当初のコンセプト通りに図，表，絵，仕訳例等をふんだんに使用してビジュアルに重点を置き，基本的な内容をわかりやすく説明するように作成し，基準等に記載されている定義・専門用語等も可能な限り平易な解説を心掛けています。形式につきましても，原則として1テーマにつき見開き2ページとなっており，左ページに図表を配し，まず図解によって理解したうえで，右ページの文章による解説でさらに理解を深める構成も従来と同様です。また，特別な分野であると捉えられがちである会計を，より身近に感じていただけるように，引き続きキャラクターも登場させています。

　本シリーズは，企業会計のグローバル化の影響で，変化が激しく，ますます理解しづらくなっていく会計基準について，「ざっくり」とご理解いただくのに最適なシリーズであると自負しております。既刊の7巻と同様に本書「リース会計」も，経理業務に係わりのある方のみではなく，会計を理解したいという多くの方に手に取っていただき，会計を身近に感じていただけましたら幸甚です。

　平成27年1月

　　　　　　　　　　　　　　　　　　　　　　新日本有限責任監査法人

　　　　　　　　　　　　　　　　　　　　　　　理事長　英　　公一

はじめに

　リースは，わが国で設備投資の一手段として広く普及し利用されています。しかし，そのリース取引の会計処理は，「所有権移転ファイナンス・リース」や「オペレーティング・リース」，「フルペイアウト」など耳なれない用語がたくさんあり，とても分かりにくい印象を持っている方も多いのではないでしょうか。

　リース取引は，20年ほど前までは毎月支払うリース料を費用として処理していましたが，リース会計基準が導入されたことで，リース物件を貸借対照表の資産として計上することとなり，決算書に大きなインパクトを与えました。

　この本は，リースがどのような取引なのかをまず理解して，なぜ資産計上する会計処理が求められるのか，資産計上金額はどのようにして計算されるのかを，専門用語を平易な言葉に置き換えながら解説しています。そして，最終的にはIFRSが指向するリース会計の未来まで到達します。

　これから財務諸表の作成にたずさわる経理マンはもちろん，作成はしないけれども財務諸表の読み方が知りたいという方にも，気軽にお読みいただける内容となるように工夫しました。

　さあ，この本の案内人「ざっくり君」と一緒に，リース会計の本質をざっくり理解しちゃいましょう。

Contents

刊行にあたって ………………………………………………… 3
はじめに ………………………………………………………… 4

第1章　購入したように借りている？ ………… 11

1-1　社長はなぜ驚いたの？ ……………………… 12
　　　借りてきた車が資産に計上されていた!?

1-2　2つの「借りる」 ……………………………… 14
　　　必要な時だけ借りるかずっと借りるか

1-3　自動車のリース契約 ………………………… 16
　　　購入した場合と同じように借りる契約

1-4　会計処理を比較しよう ……………………… 18
　　　購入の会計処理と賃借の会計処理

COFFEE BREAK ………………………………………… 22
リース取引とは?

第2章　ファイナンス・リース取引と
　　　　オペレーティング・リース取引 ……… 23

2-1　購入した場合とほとんど同じように借りる … 24
　　　資産計上の必要がある場合

2-2　車を1日だけ借りる場合 …………………… 26
　　　いわゆるレンタルの場合

2-3　車を1年間借りる場合 ……………………… 28
　　　自分だけで使い切っているか

2−4	車を4年間借りる場合 ……………………… 30
	自分だけで使い切っているが…
2−5	途中で解約できない場合 ………………… 32
	自分だけで使い切っている！
2−6	ファイナンス・リース取引 ……………… 34
	フルペイアウトと解約不能
2−7	フルペイアウトのリース取引 …………… 36
	リース料総額とリース期間で判断
2−8	フルペイアウト（リース料総額で判断）… 38
	90％以上かどうか
2−9	リース料総額の現在価値 ………………… 40
	金利を除いて計算
2−10	リース料総額と維持管理費用 …………… 44
	リース料総額から除く
2−11	フルペイアウト（リース期間で判断）…… 46
	75％以上かどうか
One more	経済的耐用年数とは ……………………… 48
2−12	原則的方法は現在価値基準 ……………… 50
	経済的耐用年数基準は簡便法
2−13	解約不能のリース取引 …………………… 52
	事実上解約できない場合
2−14	分類のまとめ ……………………………… 54
	ファイナンス・リースかオペレーティング・リースか
2−15	再リースとは？ …………………………… 56
	再リース料や再リース期間は含めない
2−16	残価保証 …………………………………… 58
	残価保証額は含める

2−17 ファイナンス・リース取引は資産計上 …… 60
　　　経済的実態に着目する

COFFEE BREAK …………………………………… 62
　　　リース取引のメリット

第3章　所有権移転リース取引・所有権移転外リース取引 …………… 63

3−1　2つのファイナンス・リース ………………… 64
　　　所有権が移転するものとしないもの

3−2　所有権移転ファイナンス・リース取引の
　　　判断基準① ………………………………… 66
　　　所有権移転条項のあるもの

3−3　所有権移転ファイナンス・リース取引の
　　　判断基準② ………………………………… 68
　　　割安購入選択権と特別仕様物件

3−4　判断基準のまとめ ………………………… 70
　　　3つの判断基準のいずれかに該当するか

COFFEE BREAK …………………………………… 72
　　　中小企業とリース会計基準

第4章　リース取引の会計処理 ……………… 73

4−1　リース取引と決算書 ……………………… 74
　　　取引に応じて会計処理も異なる

4−2　オペレーティング・リース取引の会計処理 ‥ 76
　　　リース料を経費に計上

4−3　借入により資産を購入した場合の会計処理 ‥ 78
　　　資産計上と減価償却

| 4−4 | ファイナンス・リース取引の会計処理 …… | 82 |

リース資産として計上

| 4−5 | 所有権移転ファイナンス・リースの
資産計上額① …………………………………… | 84 |

リース会社の購入価額がわかる場合

| 4−6 | 所有権移転ファイナンス・リースの
資産計上額② …………………………………… | 86 |

リース資産の購入価額がわからない場合

| 4−7 | 所有権移転ファイナンス・リースの
減価償却 ………………………………………… | 88 |

自己所有資産と同様に

| 4−8 | 所有権移転ファイナンス・リースの
支払利息 ………………………………………… | 90 |

利息の配分は利息法

| 4−9 | 所有権移転型と所有権移転外型の違い …… | 94 |

リース物件を使用する権利を売買するもの

One more リース会計基準の導入・改正の経緯 ………… 96

| 4−10 | 所有権移転外ファイナンス・リースの
資産計上額 ……………………………………… | 98 |

貸手の購入価額がわかる場合に注意

| 4−11 | 所有権移転外ファイナンス・リースの
減価償却 ………………………………………… | 102 |

リース期間で償却し,残存価額はゼロ

| 4−12 | 所有権移転外ファイナンス・リースの
支払利息 ………………………………………… | 104 |

重要性が乏しい場合は簡便法も認められる

| 4−13 | 重要性が乏しいリース取引 ………………… | 108 |

賃貸借処理が可能

4-14 まとめ① リース契約を結んだら，まず分類
契約名称にかかわらず判断する ……………… 110

4-15 まとめ② リース取引ごとに会計処理 …… 112
2つのリース取引の4つの違い

One more リース料を年に複数回に分けて支払う場合 114

COFFEE BREAK ……………………………………… 116
リース取引と消費税

第5章 リース会社（貸手）の会計処理 …… 117

5-1 リース会社の決算書をみてみよう！ ……… 118
リース会社の売上とは

5-2 リース取引の2つの性質 …………………… 120
売買取引とファイナンス取引の性質

5-3 リース会社の会計処理① ………………… 122
リース取引の2つの性質と3つの会計処理

One more リース債権残高の計算方法 ……………… 125

5-4 リース会社の会計処理② ………………… 126
それぞれの性質を重視した会計処理

5-5 リース会社にとっての所有権移転型と
移転外型 ……………………………………… 130
2つのファイナンス・リース取引の会計処理の違い

One more リース会社の儲け ………………………… 132

COFFEE BREAK ……………………………………… 134
先端設備等投資支援スキーム

第6章　その他の論点 …………………………… 135

6-1　不動産の賃借 ……………………………… 136
土地はオペレーティング・リース取引

6-2　セール・アンド・リースバック ………… 138
売却損益は減価償却期間にわたって繰延処理

One more　セール・アンド・リースバック取引の仕訳　140

6-3　中途解約の会計処理 ……………………… 142
規定損害金は損失処理

6-4　転リース ……………………………………… 144
転リース差益の計上

6-5　連結会社間のリース ……………………… 146
連結会社間の取引は無かったことにする

6-6　注　記 ……………………………………… 148
リース取引をよりよく理解するために

One more　「事前解約予告期間」は注記が必要？ ……… 150

6-7　税務上の取扱い …………………………… 152
基本的には会計処理と一致

6-8　リース会計の今後 ………………………… 154
IFRSと日本基準のこれから

■リース用語集 …………………………………… 156

第 1 章 購入したように借りている？

この本は，ある会社の社長室での会話からスタートします。社長の感じた素朴な疑問に耳を傾けてみましょう。

1−1 社長はなぜ驚いたの？
借りてきた車が資産に計上されていた!?

社長がはじめてリース契約により社長車を借りてきました。社長室に呼び出された経理マンと社長との会話から，この本はスタートします。

社長

A君，この貸借対照表の車両とはなんだっけ？　うちは，車はもってなかったはずだが。

A君

社長。この間，そろそろ社長車を持ちたいとおっしゃって，リースしてきたじゃないですか。

あぁ，あの車か。あれは借りてきただけだよ。確か，4年間の契約だったかな。

社長。それです！　あのリースは，会計上は所有権移転外ファイナンス・リース取引に該当したので，資産計上しました。

借りてきただけなのになんで資産計上なんだ!?　おまけに，君のいうことはいつもながらさっぱりわからん。

■社長の驚き■

 ある会社の社長が，会社も大きくなってきたところだし，そろそろ社長専用車を用意してもいいだろうと，カーリース会社から車を借りてきました。そして，経理マンA君に契約書を渡し，「あとはよろしく」，と処理を任せました。

 月末を迎え，社長は決算書を見たところビックリしてしまい，急いでA君を社長室に呼び出して質問しました。

 社長は何に驚いたのでしょう？

 貸借対照表には，借りてきた車が資産として計上されていたのです。賃借料を支払って車を借りたはずなのに，自分で購入した場合と同じように貸借対照表に資産として計上することになるとは思わなかったのです。

■借りてきた車が資産になる？■

 どういうことでしょうか？

 たとえば，本社ビルを購入するか借りるかで考えてみましょう。本社ビルを購入して所有するのであればそれは建物という自社の資産になります。一方，他人からテナントビルを借りて本社ビルとして使用するのであれば，毎月家賃を支払うだけで自社の資産ではありません。

 同じように，毎月賃借料を支払って借りている車が資産計上されるのはなんだか腑に落ちませんね。

 まずは，経理マンA君の立場になって，社長の感じた素朴な疑問を解決してみましょう。

1-2 2つの「借りる」
必要な時だけ借りるかずっと借りるか

社長の契約してきたリース契約とはどのようなものでしょうか？ まず，「借りる」という行為には大きく2つの類型があることを理解しましょう。

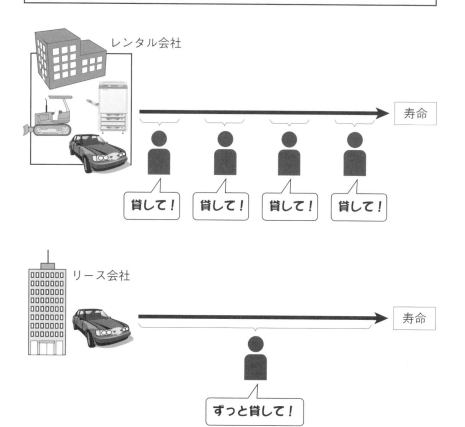

■身の回りのあらゆるモノを借りることができる■

　モノを借りるというと，どんなモノを思い浮かべるでしょう。

　仕事帰りや休日に，レンタカー会社で車を，レンタルショップでCD，DVDを借りることもあるでしょう。短期の出張のために，スーツケースを借りることもあるかもしれません。

　職場ではどうでしょうか。たとえば，毎日使っている机や椅子，PC，プリンタ複合機は，実はリース会社から借りているのかもしれません。研修や打合せのために外部の会議室を借りることや，ホワイトボードやプロジェクタなどの機材を借りることもあるでしょう。はたまた工場で使う機械や工事現場で使う重機を借りている会社もあるでしょう。

　このように，私たちの生活のあらゆる場面で，さまざまなモノの貸し借りが行われています。

■借りているのに最後まで使い切る■

　車やDVDを借りるのはどういう時でしょうか？

　普段からよく使うモノで，その都度借りたり，賃借料を支払い続けるのが手間だと感じる場合や，モノを所有することに喜びや満足を感じる場合にはそれを購入するでしょう。そうではなく，必要な時だけ手元にあればよいのであれば，借りるという選択がなされるでしょう。今日だけ車が必要なので，たとえば半日分の5,000円を払って車を借りてくるのです。

　しかし，世の中にはモノを新品時から寿命を迎えて廃棄するまでの間ずっと自分だけが借りる契約があります。たとえば新車を借りて4年間乗り続け，そのまま廃車にするのです。

　今回，社長が借りてきた車の契約の中身は，どのようなものだったのかみてみましょう。

1-3 自動車のリース契約
購入した場合と同じように借りる契約

社長がリース会社とリース契約を締結してきたリース契約書には、「月額リース料10万円。リース期間4年。中途解約不能」との記載がありました。

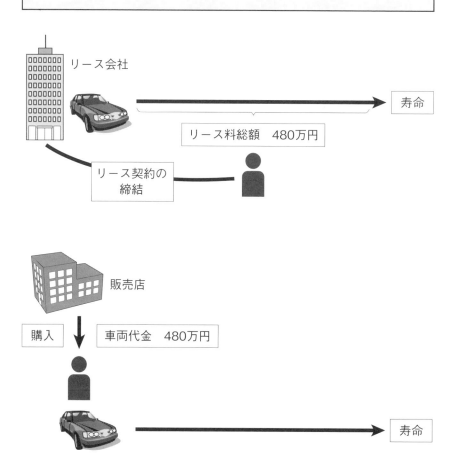

■リース契約書の記載■

社長がリース会社と締結してきたリース契約書を見たところ「月額リース料10万円。リース期間4年。中途解約不能」と記載されていました。

4年間解約不能ですので、4年間（48ヶ月）その車を使い続けなければならないようです。すなわち、10万円×48ヶ月＝480万円を払うことが借りた時点で決まっているといえます。

■購入した場合とほとんど同じにように借りている■

一方で、同じ車を購入していたとしたらどうでしょうか。調べてみると、同じ車を販売店から購入する場合も480万円でした。4年間借りる場合も、購入する場合も総額480万円払うことに変わりはなかったのです。

さらに、車の寿命（使用可能期間）が4年であれば、4年間借りると、社長が新車から廃車まで使い切ることになります。

車が寿命を迎えるまでの間、自分一人が独占的に使うのであれば、その車は購入して自ら所有する場合と差異はないと考えられないでしょうか。

今回、社長がリース会社と締結してきたリース取引は、あたかも購入した場合とほとんど同じような契約になっていたようです。

| One more |

公益社団法人リース事業協会では、「リース契約書（参考）」というモデル契約書を作成しています。リース期間やリース料、リースの開始日、中途解約の禁止、物件の保守修繕義務はユーザー（賃借人）にある旨、リース会社（賃貸人）は瑕疵担保責任を負わない旨など、が記載されています。

1-4 会計処理を比較しよう
購入の会計処理と賃借の会計処理

> どうやら，賃借といっても，単純に一定期間賃借するものと，あたかも所有しているような賃借があるようです。ここで購入と賃借の会計処理の違いを確認しておきましょう。

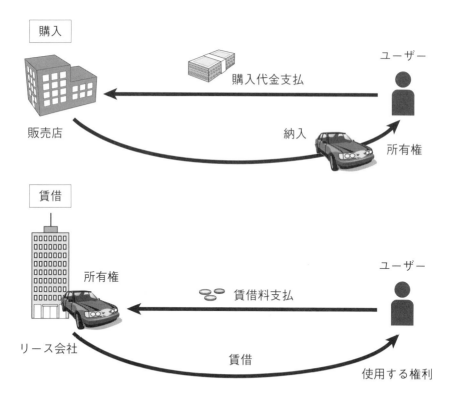

■購入した場合の会計処理■

会計では，資産を購入した場合，貸借対照表に資産として計上します。車を購入したのであれば，ユーザー（買主）の貸借対照表に固定資産として車両が計上されます。

（借方） 車両（BS）	（貸方） 現金預金（BS）

■賃借した場合の会計処理■

一方，資産を他人から賃借したのであれば，貸主に支払う賃借料を費用として損益計算書に計上します。この車の所有権は貸主にあるため，貸主の貸借対照表に資産として計上されています。ユーザー（借主）は，契約書に定められた期間，賃借料を払うことで車両を使用することができます。

（借方） 賃借料（PL）	（貸方） 現金預金（BS）

■借りたのに資産に計上？■

今回，経理マンA君は，借りてきた車を資産に計上したと社長に報告していました。法的には賃貸借取引であったとしても，購入して自らの所有する場合と同じように使用するのであれば，自分の資産として貸借対照表に計上することが，実態を表しているでしょう。

賃貸借契約でも，賃借料を費用計上する処理と，貸借対照表に資産計上する処理の2つのパターンがあるようです。この差がどうして生まれるのか，次章から詳しくみていきます。

がっちり基礎固め

　第2章から，いよいよリース取引と会計処理の関係についてみていきます。でもその前に，リースを行うためにどのような手続が必要なのか，リース物件の選定からリースの開始までリース取引の流れを確認しておきましょう。

① 物件の交渉と選定

　ユーザー（賃借人。この本ではリース物件の使用者ということでしばしばユーザーといいます）は，使用を検討している製造設備について，サプライヤーである機械メーカーと交渉し，物件を選定します。同時に手元現金で購入するか，借入した資金で購入するか，はたまたリースによるのかを検討します。ここでは，リースによることが決定されました。

② リースの申込み・契約締結

　ユーザーは，リース会社にリースを申し込み，リース会社はユーザーや対象物件について審査を行います。審査を経てリースを行うことに問題がなければ，ユーザーと諸条件を詰めリース契約が締結されます。

③ 売買契約締結

　リース会社は，リース契約に基づき，機械メーカーと対象物件の売買契約を締結します。売買契約書には，借主の名前や売買金額，物件の引渡場所などが記載されています。

④ 物件（製造設備）の納入

　機械メーカーは売買契約書に基づき対象物件である製造設備を，物件の引き渡し場所であるユーザーの工場に納入します。買主であるリース会社に納入するのでなく，借主であるユーザーの指定する場所に直接納入するのが特徴的です。

⑤ 物件借受証の発行

　ユーザーは対象物件を検収し，リース会社に対して「物件借受証」を発行します。この借受証の日付がリース取引の開始の日になると同時に，リース会社は機械メーカーに対して売買代金の支払義務が生じ，物件の所有者となります。

リース取引とは？

　リースという言葉について考えてみましょう。リース会計基準では，リース取引を「特定の物件の所有者たる貸手が，当該物件の借手に対し，合意された期間（リース期間）にわたりこれを使用収益する権利を与え，借手は，合意された使用料（リース料）を貸手に支払う取引」としています。

　堅い文章なので理解しづらいのですが，簡単にいえばリース期間にわたって物件を賃貸借する取引，ということです。

　一方，社会一般でリース取引といえば，リース会社が行う取引をいいます。ユーザーが必要とする物件（車両や機械）をリース会社が購入し，これを長期にわたって賃貸借する取引です。ここでは，ユーザーは購入代金を一括で払うことなく，リース料として分割でリース会社に支払うため，賃貸借といってもリース会社から融資を受ける機能が強調されています。

　同じリース取引という言葉でも，前者（リース会計基準）の方が範囲が広く，後者（一般的）は，より狭い意味で使われていますね。

　リース会計基準は，リース取引を広く賃貸借取引ととらえた上で，取引の実態に応じて分類し，実態に合った会計処理をすることを定めています。一般的な意味でのリース取引は，リース会計基準の中の1つのカテゴリー（ファイナンス・リース取引）に分類されています。

第2章 ファイナンス・リース取引とオペレーティング・リース取引

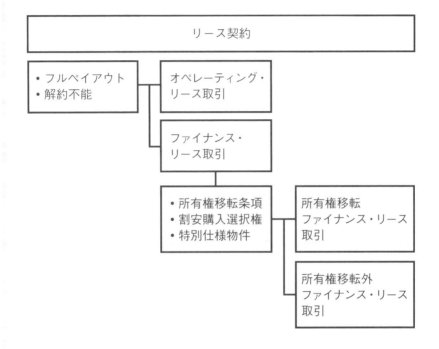

この章では，リース取引のうちどのような契約内容のものを資産計上する必要があるのかをみていきます。
ゆっくり説明しますので，安心してついてきてください。

2−1 購入した場合とほとんど同じように借りる
資産計上の必要がある場合

第1章では，賃貸借契約であるにもかかわらず，ユーザーが資産計上するべき契約があることがわかりました。ここからは，どのような場合に資産計上の必要があるのかをみていきます。

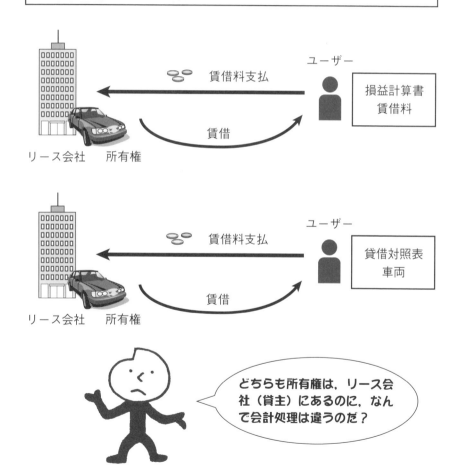

■借りているのに，購入している？■

第1章では，借りてきた取引であるにもかかわらず，経理マンA君は車を資産計上しました。リース契約の内容が，実質的に購入して自ら所有する場合とほとんど同じように使用するのであれば，会計上は自社の貸借対照表に計上する必要があるようです。

それでは，どのような条件を満たした場合に，リース契約の内容が，「資産を購入した場合とほとんど同じように借りている」ことになるのでしょうか？

車を，1日だけ借りる場合は？　1年間借りる場合は？　4年間借りる場合は？　それぞれの場合に分けて，借りているのに資産を購入した場合とほとんど同じとはどのような状態なのか，より深く考えてみましょう。

One more

リース取引に関係する会計基準としてはどのようなものがあるでしょうか？日本の会計基準設定主体である企業会計基準委員会からは，以下の会計基準と適用指針が公表されています。
① 「リース取引に関する会計基準」（企業会計基準第13号）
② 「リース取引に関する会計基準の適用指針」（企業会計基準適用指針第16号）

①はリース取引の基本原則たる会計基準を定めたものです。会計基準の考えを正しく理解すればどんな取引でも会計処理可能なのですが，基本原則というものは得てして言葉足らずなものです。そのため，実務において正しく会計基準を適用するために参照するものとして②の適用指針を定めています。

適用指針には，具体的な会計処理や開示の実務を行うための手掛かりを与えるものとして，設例が挙げられています。本書で基本を押さえた後は，ぜひ上記の会計基準と適用指針に挑戦してみてください。

なお，本書では，この会計基準および適用指針を合わせて，「リース会計基準」として記載します。

2－2 車を1日だけ借りる場合
いわゆるレンタルの場合

 レンタカーとして車を1日だけ借りるような場合は，購入した場合とほとんど同じように借りることになるのでしょうか？

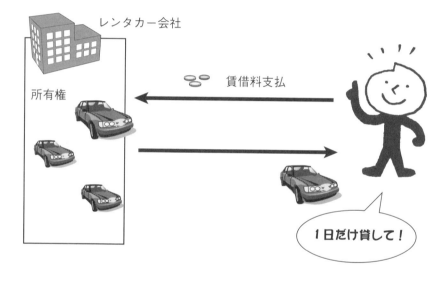

■レンタカーは「資産を購入する場合とほとんど同じ」とはいえない■

　旅行に行くためにレンタカーを1日だけ借りるような場合について考えてみましょう。レンタカーを1日借りるだけで,「その車を買う場合とほとんど同じ」なんて言ってしまったら,レンタカー会社に怒られてしまうでしょう。レンタカーは,1日分の使用料を支払うことで1日だけ使用するのであって,決して購入する場合と同じとはいえません。

■いわゆるレンタルは,資産を購入する場合と同じとはいえない■

　レンタカーのように,必要な時に必要なモノを一時的に使用する契約の場合には,リース契約の内容が購入した場合とほとんど同じとはいえません。一般的に「レンタル」と呼ばれているこのような一時的な使用の場合には,購入した場合とほとんど同じように借りているというには無理がありそうです。

■契約期間を延ばしてみるとどうなるか？■

　1日というのはやや極端な例でしたので,契約期間を少し延ばして,車を1年間借りる場合について,次のページで考えてみましょう。

2-3 車を1年間借りる場合
自分だけで使い切っているか

車を1日借りるだけでは，購入した場合とほとんど同じように借りるとはいえません。それでは，車を1年間借りる場合は，どうでしょうか？

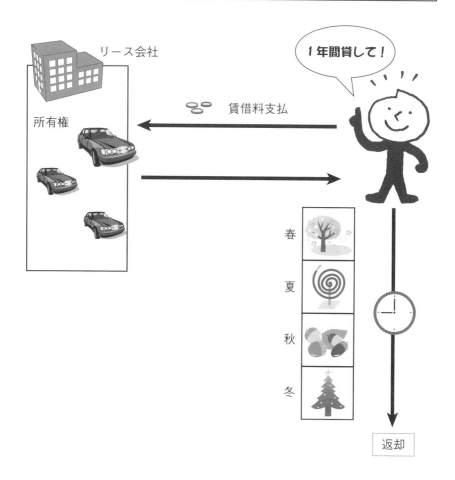

■他の人が使えるため，資産を購入する場合と同じとはいえない■

　たとえば，使用可能期間が4年の車を1年間借りる契約をした場合について考えてみましょう。この場合，残りの3年間は他の人が使うことになるので，車を自分だけで使い切っているとはいえず，購入した場合とほとんど同じように借りているとはいえないでしょう。これは，単に長期に車を借りているにすぎません。

■さらに契約期間を延ばしてみるとどうなるか？■

　1年間借りるだけでは，購入した場合とほとんど同じように借りるとはいえないようです。どうやら，資産を購入する場合とほとんど同じと判断するには，「借りている期間」，別の見方をすると，「その物を自分だけで使いきっているかどうか」が重要な判断要素となりそうです。

　それでは，さらに契約期間を延ばして，車を4年間借りる場合について次のページで考えてみましょう。

2−4 車を4年間借りる場合
自分だけで使い切っているが…

車を1年間借りる場合には，資産を購入した場合とほとんど同じとはなりませんでした。それでは，借りる期間を長くして，4年間借りる場合に「資産を購入した場合とほとんど同じ」にあたるか考えてみましょう。

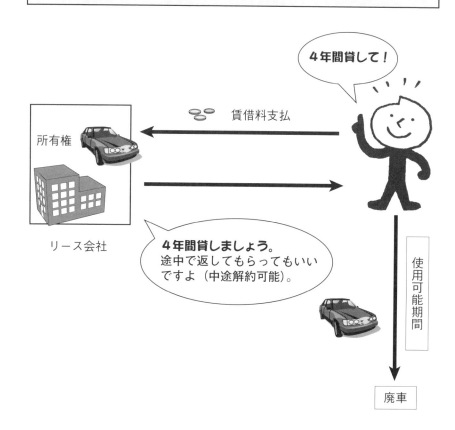

■自分だけで使い切っている■

　使用可能期間が4年の車を，4年間借りる契約をした場合には，この車を使うことができるのは，借りている自分だけです。この場合，車を使うというサービスを自分だけが受けることができるため，購入した場合とほとんど同じように借りているといえそうです。

■途中で解約できる場合■

　ところで，車を4年間借りる契約が，途中で自由に解約することができる場合はどうでしょうか。

　途中で解約した場合，解約後はこの車を自分以外の人が使う可能性があるため，車を自分だけで使い切っているとはいえません。したがって，使用可能期間の全てにわたり借りる契約をした場合であっても，中途解約が可能であれば，購入した場合とほとんど同じように借りているとはいえないでしょう。

2-5 途中で解約できない場合
自分だけで使い切っている！

車を4年間借りる場合でも，途中で自由に解約することができる場合には，購入した場合とほとんど同じように借りているとはいえませんでした。
それでは，契約期間の途中で自由に解約できない場合は，どうなるでしょうか？

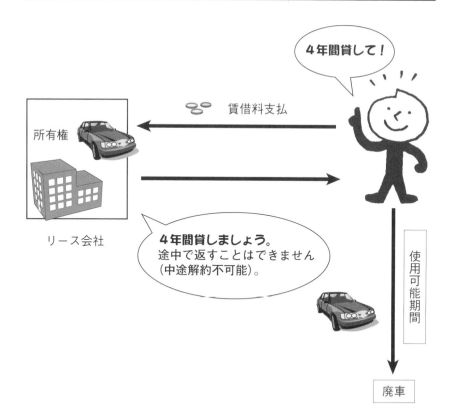

■契約期間の途中で解約できない場合■

　使用可能期間が4年の車を，4年間借りる契約をした場合には，この車を使うことができるのは借りた自分だけです。さらに，契約期間（4年間）の途中で解約することができない契約になっている場合には，その車は自分だけしか使わないといえます。

　このような場合，契約自体は車を借りる契約ですが，自分だけがその車を最後まで独占的に使用することができるため，実態としては購入した場合とほとんど同じと考えることができます。

■「自分だけで使い切っていること」，「途中で解約できないこと」■

　車を借りるというこれまでの例を振り返ると，どうやら①「自分だけで使い切っていること」と②「途中で解約できないこと」の2点が，「資産を購入した場合とほとんど同じ」契約かどうかを判断するための要素となりそうなことがわかりました。

　次のページ以降では，この点についてもう少し詳しく考えてみましょう。

Keyword

賃貸借処理と売買処理
　リース会計基準には，賃貸借処理，売買処理という言葉が出てきます。オペレーティング・リース取引については，通常の賃貸借取引に係る方法に準じて，ファイナンス・リース取引については，通常の売買取引に係る方法に準じて会計処理を行う，などと定められています。通常の賃貸借取引に係る方法とは，支払うリース料を損益計算書に費用として処理すること，売買取引に係る方法とは，賃借した資産を貸借対照表に計上することをいいます。

2-6 ファイナンス・リース取引
フルペイアウトと解約不能

①自分だけで使い切っていること、②途中で解約できないこと、という2つの条件を満たしたときに、「資産を購入した場合とほとんど同じ」ように借りている状態となります。それぞれの条件について、より深く考えてみましょう。

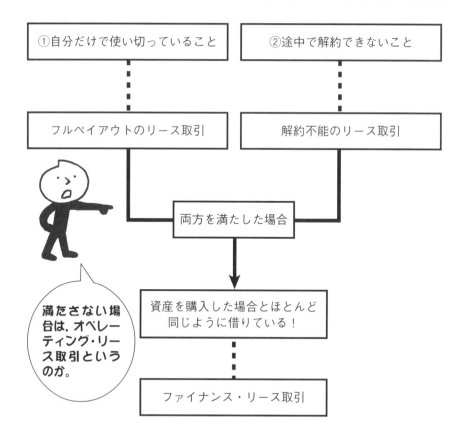

■ファイナンス・リース取引■

　リース会計基準では,「自分だけで使い切るリース取引」を,「フルペイアウトのリース取引」としています。また,「途中で解約できないリース取引」を,「解約不能のリース取引」としています。

　そして,「フルペイアウト」と「解約不能」, この2つの条件を満たした契約を「ファイナンス・リース取引」として, 資産計上することを求めています。

① フルペイアウトのリース取引（自分だけで使い切っている）

　使用可能期間が4年の車を4年間借りる契約の場合, その車を使うことができるのは, 借りた本人だけです。リース物件を使用するための取得価額や維持管理費用等のコストをリース料（貸借料）という分割払いの形で支払う代わりに, リース物件を使用することで得られる利益をすべて享受することができます。この場合, 契約上は賃借取引ですが, 実態としては自分で購入して所有している場合と何ら変わりがないといえます。

② 解約不能のリース取引（途中で解約できない）

　どんなに長い期間の契約で借りていたとしても, 途中で解約でき, その後はリース料を支払わなくてもよい場合は, 資産を購入するのと同じとはいえないでしょう。

■オペレーティング・リース取引■

　では, この2つの条件のいずれかを満たさない取引は何というでしょうか。リース会計基準では, このようなリース取引を「オペレーティング・リース取引」と呼んでいます。

2-7 フルペイアウトのリース取引
リース料総額とリース期間で判断

> フルペイアウトの考えは，リース物件を使用することから生じる費用をすべて負担することにあります。
> リース会計基準では，2つの方法によりフルペイアウトのリース取引に該当するかどうかを判断します。

① リース料総額で判断する方法

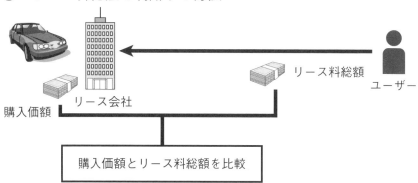

② リース期間で判断する方法

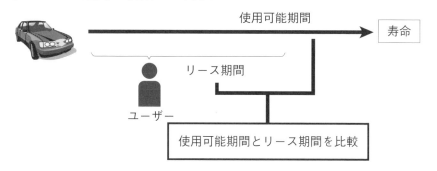

■2つの判断方法■

フルペイアウトのリース取引に該当するかどうかは、実態に基づいて判断しますが、具体的な判断方法として、①リース料総額で判断する方法と、②リース期間で判断する方法の2つがあります。いずれかの条件を満たした場合には、フルペイアウトのリース取引と判断します。

① リース料総額で判断する方法（2−8〜2−10）

この方法は、「解約することができないリース期間に払うリース料総額」と「リース契約で借りている物件を、仮に購入した場合の金額」を比較し、リース物件のコストを実質的に負担しているかどうかで、フルペイアウトのリース取引かどうかを判断する方法です。

② リース期間で判断する方法（2−11）

この方法は、「解約することができないリース期間」と「リース契約で借りている物件の使用可能期間」を比較し、フルペイアウトのリース取引かどうかを判断する方法です。

> **Keyword**
> フルペイアウトのリース取引
> 　リース会計基準では、「自分だけで使い切るリース取引」、すなわちフルペイアウトのリース取引のことを、「リース物件からもたらされる経済的利益を実質的に享受することができ、かつ、当該リース物件の使用に伴って生じるコストを実質的に負担する」こととなるリース取引としています。

2-8 フルペイアウト（リース料総額で判断）
90％以上かどうか

フルペイアウトのリース取引の判断方法のうち，「リース料総額で判断する方法」について考えてみましょう。ここでのポイントは，リース物件の使用により生じるコストを，実質的に負担しているかどうかです。

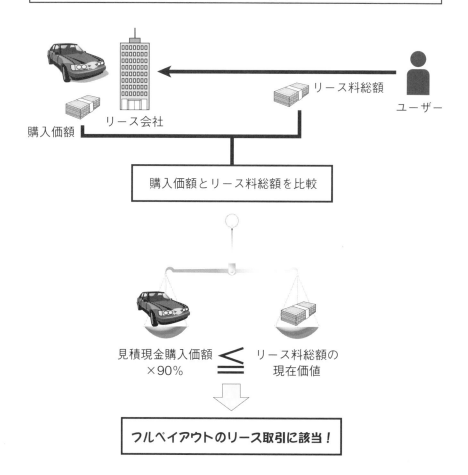

■現金購入価額と同額のリース料を支払う場合は？■

リース料には，リース物件の購入価額等が含まれており，このようなコストを全て負担するのであれば，自分で購入した場合と変わらないコストを負担することになるため，そのリース物件を「自分だけで使い切っている」ことになると考えられます。

したがって，「自分だけで使い切っている」かどうかを判断するためには，リース物件に係るコストをどれだけ負担しているかが重要になります。リース会計基準では，現金で購入した場合の金額とリース料総額を比較することで，フルペイアウトのリース取引に該当するかどうかを判断することとしています。

■判断の目安は90％■

リース会計基準では，リース料総額で判断する方法を，「現在価値基準」と呼び，具体的数値として90％という目安を設けています。

すなわち，「リース料の総額」が「リース物件を仮に現金で購入した場合の金額」の概ね90％以上である場合には，フルペイアウトのリース取引に該当します。

■見積現金購入価額■

「リース物件を仮に現金で購入した場合の金額」をリース会計基準では，「見積現金購入価額」といいます。リース会社の購入価額そのものはわからないかもしれませんが，購入先からの見積書，カタログ価格や同種の物件価額などを参考に，算定することができるでしょう。

2-9 リース料総額の現在価値
金利を除いて計算

☞ フルペイアウトをリース料総額で判断する場合（現在価値基準），リース料の総額と見積現金購入価額を比較します。しかし，リース料には金利（利息）が含まれているため，これを除いて計算する必要があります。

時の経過とともに金利が発生

現在	1年後
100万円	105万円

見積現金購入価額
×90%

リース料総額には金利が含まれている！

金利

金利は除いて比較する必要があるな。だから，現在価値なのか！

■リース料総額の現在価値とは？■

　リース会社に支払うリース料には，リース物件の本体価額だけでなく金利や維持管理費用といったコストも含まれています。ここではまず金利の取扱いを考えます。フルペイアウトの判断方法の1つである現在価値基準の現在価値とは，リース料総額からこの金利（利息）部分を除いた価値をいいます。

■現在価値で比較する意味■

　一般的に，一括現金払いで買う時よりも，いわゆるリボ払いなど分割払いで買う時の方が金利手数料がかかる分，支払金額は高くなります。リース取引の支払も長期に分割して行われるため，リース料の中には，金利（利息）相当が含まれています。

　リース料総額でフルペイアウトかどうかを判断する方法は，見積現金購入価額（一括払い）とリース料総額を比較します。借手が，見積現金購入価額のうちどのくらい負担しているかを判定するためには，リース料総額からリース物件の本体価額ではない金利（利息）部分を取り除いた上で，見積現金購入価額と比べる必要があります。

■現在価値を定期預金で理解しましょう■

　現在価値について，金利が年5％の定期預金を例に考えてみましょう。現在，手元にある現金100万円を，この定期預金に1年間預けると，1年後には利息がついて105万円となります。別の見方をすると，金利が5％の場合，1年後の105万円と現在の100万円は同じ価値をもっていると考えることができます。したがって，1年後の105万円の現在の価値は100万円となります。

　それでは定期預金を2年間預けるとどうなるでしょう。1年間預けると105万円になっていました。さらに1年間預けると、105万円×1.05＝110万2千5百円となります。したがって、2年後の110万2千5百円と現在の100万円は同じ価値といえます。そして、2年後の110万2千5百円の現在価値は100万円となります。なお、現在価値を計算する際に使用する利率（この例では年5％）のことを、「割引率」と呼びます。

■リース料総額の現在価値■

　リース料総額の現在価値は、どのように計算するのでしょうか。

　具体例を使ってリース料総額の現在価値について考えてみましょう。リース期間が5年間、毎年のリース料が231万円、割引率が年5％の場合、リース料総額の現在価値は次のように計算します。

割引率が年5％の場合

	リース料	現在価値にするための計算式	現在価値
1年後	231	÷1.05	220
2年後	231	÷1.05÷1.05	210
3年後	231	÷1.05÷1.05÷1.05	200
4年後	231	÷1.05÷1.05÷1.05÷1.05	190
5年後	231	÷1.05÷1.05÷1.05÷1.05÷1.05	180
	1,155		1,000
	⇑		⇑
	リース料総額		リース料総額の現在価値

1年後に支払うリース料231万円の現在価値は，231万円÷1.05＝220万円。2年後に支払うリース料231万円の現在価値は，231万円÷1.05÷1.05＝210万円です。3年後，4年後，5年後についても同様に計算すると，それぞれ200万円，190万円，180万円となります。このように計算した結果の合計値であるリース料総額の現在価値は1,000万円と計算されます。

　割引率は，リース会社が利息として実際に計算した利率（計算利子率）がわかる場合には，その利率を使用します。

　しかし，通常はユーザーがリース会社の計算利子率を知りえる機会は多くないため，そのような場合には，ユーザーが銀行から新たに借入をした場合に適用される利率を割引率として使用することが認められています。現在価値を計算するのは，リース料に含まれる利息部分を取り除くことが目的であるため，借入金の利率を使用します。

> **Keyword**
>
> **借手の追加借入利率**
> 　リース会計基準では，ユーザーが銀行から新たに借入をした場合に適用される利率のことを借手の追加借入利率と呼び，その具体例をあげています。
> (1) リース期間と同一の期間におけるスワップレートに借手の信用スプレッドを加味した利率
> (2) 新規長期借入金等の利率
> 　① 契約時点の利率
> 　② 契約が行われた月の月初または月末の利率
> 　③ 契約が行われた月の平均利率
> 　④ 契約が行われた半期の平均利率
> 　なお，新規長期借入金等の利率を用いる場合，リース期間と同一の期間の借入を行う場合に適用される利率を用います。

2−10 リース料総額と維持管理費用
リース料総額から除く

リース料総額には，金利（利息）だけでなく，リース物件の維持管理に必要なコストも含まれています。金利の取扱いに引き続き，ここでは，維持管理費用の取扱いを考えましょう。

リース料総額

| 維持管理費用
（固定資産税・保険料等） |
| 金　利 |
| 車の本体価額 |

車の本体価額ではないから，このまま比較するとおかしいな。

現在価値計算により除く

■維持管理費用とは固定資産税や保険料等のこと■

リース料の中には，リース物件本体価額の他に，通常は，リース物件の維持管理に伴う固定資産税や保険料等の諸費用が含まれています。これらを，「維持管理費用」と呼びます。リース料に含まれている維持管理費用はどのように取り扱うのでしょうか。

■維持管理費用の取扱い■

「リース料総額で判断する方法」(現在価値基準)は，「リース料総額の現在価値」と「リース物件の見積現金購入価額」との比較のため，リース料総額に本体価額ではない維持管理費用が含まれていると正しい比較になりません。

仮にリース料総額100万円に維持管理費用40万円が含まれ，見積現金購入価額が100万円であるリース取引について，リース料総額から維持管理費用を控除しないとすると判定割合は100％(リース料総額100万円÷見積現金購入価額100万円)となり，フルペイアウトのリース取引と判定されます。しかし，本来は判定割合60％((リース料総額100万円－維持管理費用40万円)÷見積現金購入価額100万円)のフルペイアウトではないリース取引と判断されるべきです。このため，維持管理費用に重要性がある場合にはリース料総額からこれを控除する必要があります。

■維持管理費用に重要性が乏しい場合■

リース契約書上，リース料のうち維持管理費用がいくらであるか明らかになっていればいいのですが，実際はそうでもありません。

さらに，通常，維持管理費用はリース物件の本体価額と比べると少額です。

そのため，維持管理費用がリース料に占める割合に重要性が乏しい場合には，リース料の総額から除かないことが認められています。

2-11 フルペイアウト（リース期間で判断）
75％以上かどうか

フルペイアウトのリース取引の判断方法のうち，「リース期間で判断する方法」について考えてみましょう。使用可能期間のうちリース期間がどのくらいを占めるかで判断します。

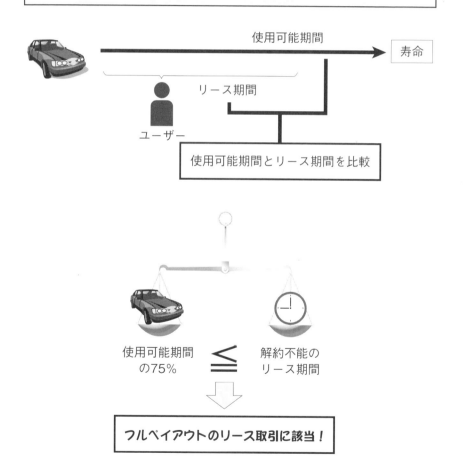

■使用可能期間とリース期間を比較して判断■

使用可能期間が4年の車を3.5年間リースする場合について考えてみましょう。使用可能なすべての期間にわたり借りているわけではありませんが、4年間のうちの3.5年であればほとんどの期間リース物件を使用しているといえます。

このように、使用可能期間のほとんどすべてにわたって使用しているのであれば、そのリース物件を「自分だけで使い切っている」ことになると考えられます。

リース会計基準では、使用可能期間とリース期間を比較することで、フルペイアウトのリース取引に該当するかどうかを判断することとしています。

■耐用年数の概ね75％以上を借りている場合は「自分だけで使い切る」■

リース会計基準では、リース期間で判断する方法を、「経済的耐用年数基準」と呼び、具体的には75％という目安を設けています。

すなわち、「解約することができないリース期間」が「リース物件の使用可能期間」の概ね75％以上である場合には、フルペイアウトのリース取引と判定するとしています。

> **One more**
>
> 「概ね」について考えてみましょう。現在価値基準は概ね90％、経済的耐用年数基準は概ね75％です。判断基準は、見積りの要素が多いため、ファイナンス・リースと判定することを避けるために、現在価値基準を90％未満とすることも可能です。たとえば、現在価値基準で90％の場合と88％の場合を考えてみたときに、その内容はほとんど同じであるにもかかわらず、前者はファイナンス・リース取引、後者はオペレーティング・リース取引と異なる会計処理が適用されるのは適当でないかもしれません。そのため、基準では「概ね」として、88％であったとしても、実質的にフルペイアウトと考えられる場合は、ファイナンス・リース取引と判断することとしています。

One more

経済的耐用年数とは

■耐用年数■

　リース期間で判断する方法では，「解約することができないリース期間」が「リース物件の耐用年数」の概ね75%以上である場合には，フルペイアウトのリース取引となります。

　ところで，ここでいう「リース物件の耐用年数」とは，何を意味するのでしょうか。

■物理的に使用できる期間ではなく，経済的に使用できる期間■

　リース物件の耐用年数は，物理的に使用することができる期間ではなく，経済的に使用できると予測される期間（経済的使用可能予測期間）を意味します。

　この2つの期間は似ているようでいて違います。物理的に使用できる期間とは，リース物件が物理的に壊れて使えなくなるまでの期間をいいます。

　一方，経済的に使用できると予測される期間は，たとえば技術の革新などによりリース物件が陳腐化して使わなくなることも考慮に入れた使用期間を意味します。この期間を経済的耐用年数といいます。

■税法上の耐用年数を使用することが可能■

　税法で定められた耐用年数（法定耐用年数）と経済的耐用年数との間に著しい相違がある等の不合理と認められる事情がない限り，税法上の耐用年数を用いて判定することが認められています。

第2章　ファイナンス・リース取引とオペレーティング・リース取引

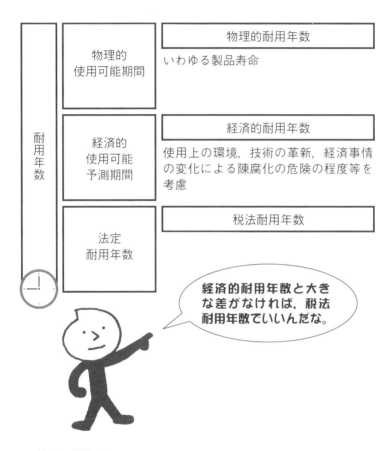

2-12 原則的方法は現在価値基準
経済的耐用年数基準は簡便法

フルペイアウトのリース取引に該当するかどうかの判断にあたり、なぜ2つの方法が設けられているのでしょうか？

① リース料総額で判断する方法（現在価値基準）

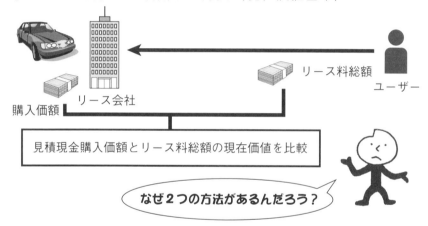

② リース期間で判断する方法（経済的耐用年数基準）

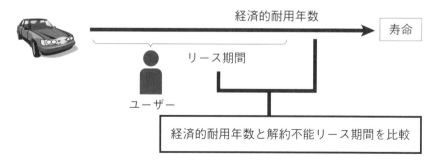

■「リース料総額で判断する方法」が原則■

　フルペイアウトのリース取引と判断する方法には、リース料総額で判断する方法（現在価値基準）とリース期間で判断する方法（経済的耐用年数基準）があり、いずれかを満たした場合にフルペイアウトのリース取引と判断されます。

　リース会計基準では、「リース料総額で判断する方法」（現在価値基準）を原則的な方法と位置づけています。

　ただし、すべてのリース取引について現在価値の計算が必要となる「リース料総額で判断する方法」を適用すると、実務上は極めて大変です。そのため、簡便的な方法である「リース期間で判断する方法」が設けられています。

■「リース期間で判断する方法」だけで判断できない場合■

　中古市場が存在して売買が行われている車などのリース取引では、リース会社がリース期間終了後にリース物件を他人へ売却することを見越して、リース料を本体価格と比べて低く設定することがあります。

　リース期間が経済的耐用年数の概ね75％以上であっても、リース料総額が将来の売却等を見越した分だけ低く設定されている場合には、自分で購入する場合とほとんど同じであるとはいえず、「自分だけで使い切っている」と考えるのは適当ではありません。

　このような場合には、簡便的な方法である「リース期間で判断する方法」による判断結果に関わらず、原則的な方法である「リース料総額で判断する方法」により判断することとされています。

2-13 解約不能のリース取引
事実上解約できない場合

解約不能と契約で明記されていればわかりやすいのですが，形式上は途中で解約は可能であっても違約金が必要な場合など，事実上解約できないと考えられる契約もあります。

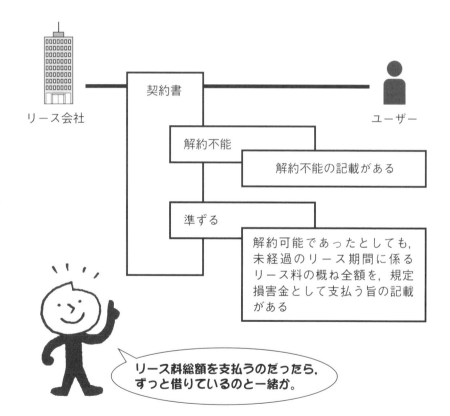

■契約書上で明記されている場合■

　リース契約書に，リース期間中は解約することができないことが明記されていれば，中途解約できないとすぐに判断できます。

■違約金の支払が必要など，事実上解約できない場合■

　リース契約書に，途中で解約することができないと明記されていなくても，解約時に相当の違約金（規定損害金）の支払が必要になるなど，事実上解約不能と考えられる場合には，解約不能のリース取引に準ずるものとして取り扱います。

　たとえば，解約した場合に残りのリース期間に対応するリース料の概ね全額を違約金として支払わなければならない場合は，事実上「途中で解約できない」といえるでしょう。

■解約不能のリース取引■

　途中で解約できない，あるいは事実上解約できないことを「ノン・キャンセラブル」といい，リース会計基準ではこのリース取引のことを，「解約不能のリース取引」といいます。

2-14 分類のまとめ
ファイナンス・リースかオペレーティング・リースか

これまで、リース会計基準の基本となる分類方法を説明してきました。ここでもう一度、リース会計基準に沿ってリース取引の分類をみましょう。

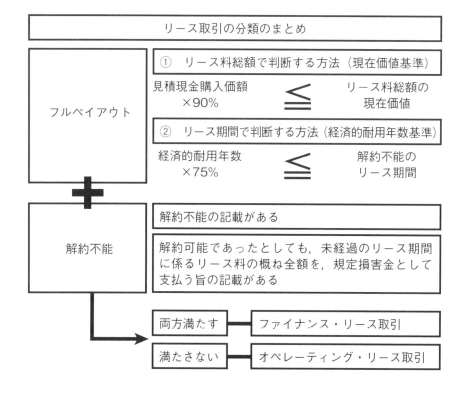

■ファイナンス・リース取引とオペレーティング・リース取引■

　リース会計基準では，まず，リース取引を①自分だけで使い切っていること（フルペイアウト）と，②途中で解約できないこと（解約不能），という2つの条件を満たすかどうか判定します。ともに満たす場合，購入した場合とほとんど同じように借りていると考え，「ファイナンス・リース取引」と判定します。逆にいずれかを満たさない取引は「オペレーティング・リース取引」と判定します。

■フルペイアウトのリース取引■

　「自分だけで使い切っている」かを判断する方法として，①リース料総額で判断する方法（現在価値基準）と，②リース期間で判断する方法（経済的耐用年数基準）の2つがあります。いずれかの基準に該当するかを判断しますが，このうちリース料総額で判断する方法が原則的とされています。

■解約不能のリース取引■

　「途中で解約できない」とは，契約書に解約することができないことが明記されている場合だけでなく，形式的には解約可能でも相当の違約金の支払が必要な場合などのように，実質的に解約することができない場合を含むとされています。

　2－15と2－16で，これらの判断をする上で注意すべき点をみていきましょう。

2-15 再リースとは？
再リース料や再リース期間は含めない

 リース契約に再リースの条項が含まれている場合があります。「リース料総額で判断する方法」（現在価値基準），「リース期間で判断する方法」（経済的耐用年数基準）では，再リースについてどのように取り扱うべきでしょうか？

見積現金購入価額×90% リース料総額の現在価値

経済的耐用年数の75% 解約不能のリース期間

　　　　　　　リース料総額
　　　　　　　リース期間

 ──────────▶ ┄┄┄┄┄┄┄┄▶

・原則…含めない
・借手が再リースを行う意思が明らかな場合…含める

再リース（1年更新）

■再リースとは■

再リースとは,当初のリース期間が終了した後も,リース物件の使用を継続することです。当初のリース契約に,契約期間は1年,リース料は当初のリース料の10分の1程度の金額により更新することができる旨が,盛り込まれている場合が多くみられます。

■再リース料や再リース期間の取扱い■

再リース料や再リース期間はどのように取り扱えばよいのでしょうか。リース料総額で判断する方法(現在価値基準)やリース期間で判断する方法(経済的耐用年数基準)のリース料総額やリース期間に,再リース料や再リース期間を含めるべきでしょうか。

基本的には,リース契約の締結段階では,再リース料や再リース期間は含めずに判断するものとされています。これは,再リースをするかどうかわからない状況で,これらを含めて判断することは適当ではないと考えられるからです。

ただし,リース契約を締結した時点で再リースを行うことが明らかである場合は,リース料総額や解約不能のリース期間に含める必要があります。

2-16 残価保証
残価保証額は含める

リース契約において，リース期間終了時に，リース物件の処分価額が契約上取り決めた金額に満たない場合，その不足額を借主が貸主に支払う義務が課せられることがあります。

このような義務のことを「残価保証」と呼びます。残価保証がある場合には，「リース料総額で判断する方法」(現在価値基準) ではどのように取り扱うべきでしょうか？

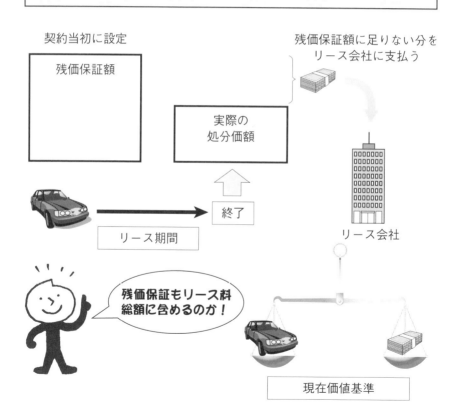

■残価保証とは？■

　たとえば，車をリースする場合，ユーザーがリース期間終了時点における処分価額を50万円まで保証する条項を設定した場合を考えてみます。リース期間終了時点におけるこの車の実際の処分価額が30万円であった場合，ユーザーは20万円（＝50万円－30万円）をリース会社に支払うこととなります。この「処分価額を50万円まで保証すること」を残価保証といいます。リース会社としてはリース期間終了時点において，少なくとも50万円分の価値が保証されていることになります。

■残価保証額はリース期間に支払うリース料に含める■

　リース契約において，このような残価保証の取決めがある場合には注意が必要です。つまり，「リース料総額」が「見積現金購入価額」の概ね90％以上である場合には，フルペイアウトのリース取引と判断しますが，リース料総額にこの残価保証額（50万円）を含める必要があります。

　これは，残価保証額自体はリース料ではありませんが，ユーザーとしては残価保証額相当の支払義務が生じる可能性があるためです。

2-17 ファイナンス・リース取引は資産計上
経済的実態に着目する

リース契約の中には、購入した場合と同じように資産計上する必要があるリース取引があることがわかりました。社長室に呼び出された経理マンA君は、リース会計のしくみを丁寧に説明し、社長の疑問を無事に解決することができたようです。

社長
A君、よくわかったよ！
あの車は借りてきただけだと思っていたのだが、会計上は購入した場合とほとんど同じように借りていると考えるのだな。

A君
社長、その通りです！
途中で解約することができないですし、わが社だけで使い切っているため、ファイナンス・リース取引に該当します。

そして、ファイナンス・リース取引に該当するならば、貸借対照表に資産計上するのだな。

社長。お見事です！
法的には賃貸借契約でも、経済的実態に着目するのがリース会計基準です！

リース契約の内容によって資産計上したりしなかったりするわけだ。これからは、契約する前に君に相談しなければならないね。

■リース会計基準の考え方■

　社長は借りてきた車が資産として貸借対照表に計上されていることに驚いていました。しかし，経理マンA君の説明によって，納得した様子です。

　リース取引は，①自分だけで使い切っていること（フルペイアウト），②途中で解約することができないこと（解約不能），という2つの条件を満たす場合は，購入した場合とほとんど同じように借りていると考え，貸借対照表に資産計上します。

　リース取引は法的には「借りる」という賃貸借契約ですが，契約の中身が購入した場合とほとんど同じであれば，その経済的実態に着目して購入した場合と同じように会計処理するというのが，リース会計基準の考え方になります。

■次の章では…■

　第2章までで，ファイナンス・リース取引は，購入した場合とほとんど同じように借りている取引として資産計上する必要があること，また，どのようなリース取引がファイナンス・リース取引に該当するのかをみてきました。

　社長の疑問は無事に解決したようですが，次の章からは，ファイナンス・リース取引をその性質により区分する必要があることや，具体的な会計処理についてみていきます。

リース取引のメリット

　日本で初めてリース会社が設立されたのは1963年です。その後も次々とリース会社が設立され，リースは日本社会に急速に浸透していきました。

　1960年代といえば，ちょうど高度経済成長期にあたります。めまぐるしい技術革新や厳しい競争にさらされた企業は，生産性の向上や最新の技術を導入するため，多額の設備投資を行う必要がありました。しかし，自己資金に乏しい企業は，銀行借入が希望どおり実行できなければ，機動的に多額の設備投資を行うことができません。そこで，まとまった初期投資資金が不要であり，機動的に設備を調達できる手段としてリースが浸透していったわけです。

　リースはこのような資金調達の代替手段としての役割のほか，企業に以下のようなメリットをもたらしました。

① **事務手続の簡素化**

　固定資産税の納付手続をリース会社に任せることで，設備投資に伴う事務を簡素化することができます。固定資産の多い会社の担当者にとってはずいぶんと助かります。

② **資金計画の見込みやすさ**

　通常，リース料は固定ですので，毎月・毎年の費用やお金の支出が平準化されるため，事業計画が立てやすくなります。

③ **オフバランス（貸借対照表に計上されない）**

　リース資産・負債を貸借対照表に計上せずに賃貸借処理できることは，企業にとっては大きなメリットの１つでした。総資産利益率（ROA：当期純利益÷総資産）等の企業を評価する指標が注目される中で，企業は少ない資産で効率のよい経営をしていることをアピールできたわけです。

　このようにして日本経済に受け入れられたリースですが，ファイナンス・リース取引のオンバランス処理（資産計上）を求めるリース会計基準の導入・改正により，取扱高はピーク時より減少しています。

　しかし，のちに解説するように300万円以下のリース取引については賃貸借処理が可能な場合もあるため，事務用機器などを中心に現在でも根強い人気があります。

第 3 章 所有権移転リース取引・所有権移転外リース取引

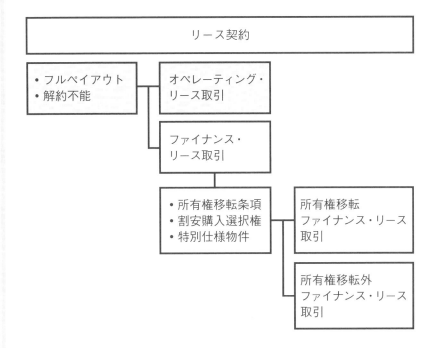

　ファイナンス・リース取引は，購入した場合とほとんど同じように借りている取引として資産計上（売買処理）する必要があることはわかりました。この章では，ファイナンス・リース取引をその性質によって，さらに2つに分類することを学びます。

3-1 2つのファイナンス・リース
所有権が移転するものとしないもの

☞ リース取引には、ファイナンス・リース取引とオペレーティング・リース取引の2つがあることをみてきました。
この章では、ファイナンス・リース取引が所有権の観点から、さらに2つに分類されることをみていきます。

ファイナンス・リース取引は2つあるのか！

■所有権に着目すると■

ファイナンス・リース取引とは，購入した場合とほとんど同じように借りている取引です。リース会計基準は，ファイナンス・リース取引を，さらに2つのリース取引に分類しています。

リース物件は，リース期間が終了すると所有権を持つリース会社に返却されます。しかし，リース契約の中には，リース期間が終了すると，リース物件の所有権が借手に移転するものもあります。

リース期間終了により，リース物件の所有権が借手に移転するのであれば，ますます購入して所有する場合に近づくと思いませんか？

■所有権移転・所有権移転外■

リース会計基準では，リース契約上の諸条件に照らしてリース物件の所有権が借手に移転すると認められるファイナンス・リース取引を「所有権移転ファイナンス・リース取引」，それ以外のファイナンス・リース取引を「所有権移転外ファイナンス・リース取引」と呼んでいます。

■分類の意味■

所有権移転ファイナンス・リース取引は，リース物件の所有権が借手に移転するという点で，資産を購入する場合と極めて近い取引と考えられます。そのため，所有権移転ファイナンス・リース取引も所有権移転外ファイナンス・リース取引もどちらもリース物件を資産計上するのですが，所有権移転ファイナンス・リース取引はより購入に近い会計処理になります。

それぞれの会計処理は，第4章で具体的にみていきます。

3-2 所有権移転ファイナンス・リース取引の判断基準①
所有権移転条項のあるもの

☞ ここでは，ファイナンス・リース契約の例をみながら，所有権移転ファイナンス・リース取引，所有権移転外ファイナンス・リース取引のどちらに分類されるかを考えていきましょう。

ケース1
・所有権移転条項がある

契約書

リース期間終了後，リース物件の所有権は借手に移転する。

契約書に書かれていればわかりやすいな。

■判断基準■

　リース契約上の諸条件に照らしてリース物件の所有権が借手に移転すると認められるファイナンス・リース取引を「所有権移転ファイナンス・リース取引」といいます。

　諸条件に照らして「リース物件の所有権が借手に移転すると認められる」という表現は，含みがありそうですね。リース会計基準では，3つのケースをあげ，いずれかに該当した場合には，所有権移転ファイナンス・リース取引に該当し，それ以外のファイナンス・リース取引は所有権移転外ファイナンス・リース取引に該当するとしています。

■ケース1：所有権移転条項のあるリース取引■

　リース期間終了後にリース物件の所有権が借手に移転すると契約書に記載されています。契約書に明確にこのような記載があれば，「リース物件の所有権が借手に移転する」と認められると判断できます。

　所有権が移転するのは，リース期間終了後だけとは限りません。リース期間が終了する前に移転する契約も含みます。

3-3 所有権移転ファイナンス・リース取引の判断基準②
割安購入選択権と特別仕様物件

 契約書に所有権移転の記載が明記されていないケースについて考えてみましょう。

ケース2
・割安購入選択権がある

契約書

リース期間終了後，リース物件を1万円で買うことができます。

50万円の価値があるけど，1万円で買うことができるんだな。これは格安だ。

ケース3
・特別仕様物件である

この機械はうちの工場オリジナルだから，他の人は使えないだろうな。

■ケース2：割安購入選択権のあるリース取引■

　リース期間終了後にリース物件の価値（50万円）を大幅に下回る金額（1万円）で購入できると契約書に記載されています。

　このように，著しく有利な価格で買い取ることができる権利を「割安購入選択権」といいます。

　リース期間終了時に50万円の価値があるリース物件を1万円で購入することができるのであれば，選択権を行使して購入する可能性は極めて高いと考えられます。

　すなわち，割安購入選択権があり，借手の権利行使が確実に予想されるのであれば，「リース物件の所有権が借手に移転すると認められる」と判断できます。

■ケース3：特別仕様のリース物件■

　リース物件が借手専用にカスタマイズされている（特別仕様の物件）ため，たとえリース会社がリース物件を返却されたとしても，他の者に貸すことは難しく，借手以外の者が使用することが想定されないリース契約もあります。このようにリース物件を借手以外の者が使用することが想定しえないのであれば，「リース物件の所有権が借手に移転すると認められる」と判断できます。

　特別仕様のリース物件には，専用性の高い機械装置や特別仕様の建物なども含まれます。

3-4 判断基準のまとめ
3つの判断基準のいずれかに該当するか

 リース契約上の諸条件に照らして、リース物件の所有権が借手に移転すると認められるファイナンス・リース取引は、所有権移転ファイナンス・リース取引と判定されます。

下記のいずれかに該当するか
(1) 所有権移転条項がある
(2) 割安購入選択権がある
(3) 特別仕様物件である

No 所有権移転外ファイナンス・リース

Yes

所有権移転ファイナンス・リース

 リース契約書やリース物件をよく見て分類しよう。

■3つの判断基準■

リース会計基準では，以下の3つの判断基準を示し，いずれかに該当する場合は所有権移転ファイナンス・リース取引，いずれにも該当しない場合は，所有権移転外ファイナンス・リース取引としています。

① リース契約上，リース期間終了後またはリース期間の中途で，リース物件の所有権が借手に移転することとされているリース取引

② リース契約上，借手に対して，リース期間の終了後またはリース期間の中途で，名目的買取価額またはその行使時点のリース物件の価額に対して著しく有利な価額で買い取る権利が与えられており，その行使が確実に予想されるリース取引

③ リース物件が，借手の用途等に合わせて特別の仕様により製作または建設されたものであって，当該リース物件の返還後，貸手が第三者に再びリースまたは売却することが困難であるため，その使用可能期間を通じて借手によってのみ使用されることが明らかなリース取引

One more

2つのファイナンス・リース取引を比べると，所有権移転ファイナンス・リースの性格が売買であるのに対し，所有権移転外ファイナンス・リース取引の性格は，リース物件そのものの売買というよりは，リース期間においてリース物件を使用する権利を売買していると考えることができます。この点は第4章で会計処理とともに詳しくみていきます。

なお，これ以降，記載の便宜のため，所有権移転ファイナンス・リース取引を「所有権移転型」，所有権移転外ファイナンス・リース取引を「所有権移転外型」と呼ぶことがあります。

中小企業とリース会計基準

　ここまでみてきたように，リース会計基準に従うとリース料を単純に経費処理するわけにはいかず，ファイナンス・リース取引は資産計上するなど，経理実務を担う人は相応の負担が強いられます。それでは，すべての会社が，リース会計基準に従わなければならないのでしょうか？

　会社法では，会社の会計は「一般に公正妥当と認められる企業会計の慣行に従うものとする」と規定しています。リース会計基準は一般に公正妥当と認められる企業会計の慣行であるため，原則的にはあらゆる会社がリース会計基準に従わなければなりません。

　一方，中小企業の一般に公正妥当と認められる企業会計の慣行としては，「中小企業の会計に関する指針」があります。この指針では，リース取引のうち，所有権移転外ファイナンス・リース取引の借手は，通常の賃貸借処理に係る方法に準じて会計処理を行うことも認めているため，経理現場での負担は軽減されるといえるかもしれません。

　ちなみに，この指針を適用することが可能なのは，以下の①②以外の株式会社，つまり公認会計士または監査法人の監査を受ける必要のない会社です。

① 　金融商品取引法の適用を受ける会社（その子会社と関連会社を含む）
② 　会計監査人を設置する会社（大会社以外で任意で会計監査人を設置する株式会社を含む）およびその子会社

第4章 リース取引の会計処理

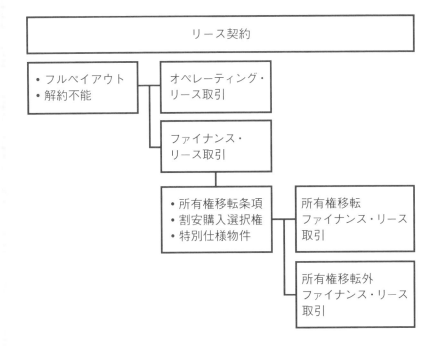

　この章では，オペレーティング・リース，所有権移転ファイナンス・リース，所有権移転外ファイナンス・リースのそれぞれのリース取引について，どのように決算書に反映されるかみていきます。

4-1 リース取引と決算書
取引に応じて会計処理も異なる

☞ これまで、さまざまなリース取引を、その契約や実態に応じて、オペレーティング・リース取引、所有権移転ファイナンス・リース取引、所有権移転外ファイナンス・リース取引に分類することを学習しました。第4章では、このように分類したリース取引の会計処理をみていきます。

購入

オペレーティング・リース取引

所有権移転 ファイナンス・リース取引

所有権移転外 ファイナンス・リース取引

貸借対照表	
リース資産 ××万円	

損益計算書
支払リース料　××万円 減価償却費　　××万円

それぞれの会計処理は具体的にどうなるんだろう？

第4章 リース取引の会計処理

■ファイナンス・リース取引の会計処理■

　第4章では，ファイナンス・リース取引がどのように会計処理され決算書（主に貸借対照表や損益計算書）に影響を与えているかについて，オペレーティング・リース取引や自分で資産を購入する場合の会計処理と比較しながら，より詳しくみていきます。

　まずは，それぞれの取引の内容を簡単に復習しましょう。

オペレーティング・リース取引		レンタカーのように，通常の賃借（モノを借りる取引）と考えられるもの。リース会計基準では，ファイナンス・リース取引以外のリース取引をオペレーティング・リース取引と定義している。
ファイナンス・リース取引		資産を購入する場合とほとんど同じように借りているといえるリース取引。法的には賃借だが，実態としては自分で購入した場合に類似している。
	所有権移転	リース契約上の諸条件に照らしてリース物件の所有権が借手に移転すると認められるもの。
	所有権移転外	所有権移転ファイナンス・リース取引以外のファイナンス・リース取引。
資産の購入		手元資金，銀行借入，分割支払（割賦購入）などにより購入。

4-2 オペレーティング・リース取引の会計処理

リース料を経費に計上

☞ オペレーティング・リース取引は，「モノを借りた」取引として会計処理します。借りているだけなので，支払ったリース料が費用になるだけのシンプルな会計処理になります。

車を1年間60万円で借りる場合。
判定の結果，オペレーティング・リース取引であった。

支払ったリース料が費用になる。これが賃貸借処理だ。

損益計算書
支払リース料　60万円

■オペレーティング・リース取引の会計処理のポイント■

　リース契約に従い発生したリース料を費用として損益計算書に計上します。オペレーティング・リース取引では，リース会社が所有するリース物件をリース期間だけ使用する取引のため，そのリース物件は借手の資産として貸借対照表に計上しません。

■オペレーティング・リース取引の仕訳■

　車を1年間60万円で賃借する場合，実際にリース料が発生する時点で，支払リース料（60万円）を損益計算書において費用として計上します。

| （借方） | 支払リース料 | 60万円 | （貸方） | 現金預金 | 60万円 |

One more

　リース会計基準の対象は，「リース」という名前のついた契約だけではありません。「リース契約」という名称ではなく，例えば「レンタル契約」や「賃貸借契約」等の名称であっても，その内容が実質的にリースの条件を満たせば，リース会計基準の対象となる点に注意が必要です。

4-3 借入により資産を購入した場合の会計処理

資産計上と減価償却

> 銀行からお金を借りて資産を購入した場合,購入した資産と借入金を貸借対照表に計上します。さらに,資産を使用することによるコストは減価償却費として,借入による資金調達を行ったコストは支払利息として,それぞれ費用計上します。

工場新設にあたり,1,000万円の機械を借入により購入した場合。
耐用年数…5年(定額法償却)
利率…年5%　借入金は年200万円ずつ返済

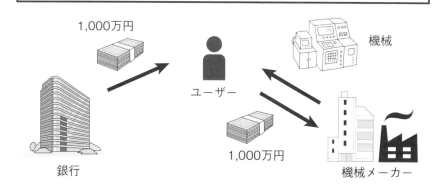

■借入により資産を購入した場合の会計処理のポイント■

　購入資金として調達した借入金を貸借対照表の負債に計上するとともに，購入した資産を貸借対照表に計上します。さらに，この取引に関連して発生する減価償却費や支払利息を損益計算書に計上します。

■借入により資産を購入した場合の仕訳■
① 購入資金の借入と機械購入の仕訳

　機械は購入した金額（1,000万円）で資産として，また，借入金（1,000万円）は，負債として貸借対照表に計上します。

（借方）	現金預金	1,000万円	（貸方）	借入金	1,000万円
（借方）	機械装置	1,000万円	（貸方）	現金預金	1,000万円

② 減価償却の仕訳

　資産を使用したことによるコストは，減価償却費として損益計算書に計上します。今回は定額法で減価償却を行うため，資産計上額1,000万円を5年で除して，200万円の減価償却費を損益計算書に計上します。

（借方）	減価償却費	200万円	（貸方）	減価償却累計額	200万円

※減価償却累計額は，貸借対照表では機械装置の取得価額から控除するため，帳簿価額は800万円（1,000万円－200万円）となります。

③ 借入金返済と利息支払時の仕訳

　借入金は，返済により減少します。また，支払利息50万円（借入金1,000万円×利率5％）を損益計算書に計上します。

（借方）	借入金	200万円	（貸方）	現金預金	200万円
（借方）	支払利息	50万円	（貸方）	現金預金	50万円

がっちり基礎固め

減価償却とは？

　減価償却とは，長期にわたって使用する固定資産を，取得した時点で貸借対照表に資産として計上し，使用や時の経過による資産価値の減少を見積ってその資産を減少させ，その減少分を減価償却費として費用計上する会計上の手法をいいます。

　これは，毎期の損益計算を適切に行うためには，資産を購入した時点で全て費用とするのではなく，購入後の使用状況や時の経過に応じて価値を減少させ，使用可能期間にわたって費用として認識していくことが合理的と考えられるためです。

減価償却計算の構成要素

　減価償却費を計算するためには，購入額の他に，①減価償却期間，②残存価額，③減価償却方法といった計算要素を決定する必要があります。

計算要素	設定方法 （自己所有資産）	例
①減価償却期間	経済的耐用年数	5年，10年など
②残存価額(※)	見積り残存価額	取得価額の10％など
③減価償却方法	合理的な償却方法	定額法，定率法など

（※）残存価額…減価償却期間終了後に売却できる金額など「残存」している価値のことをいいます。

減価償却方法

　減価償却方法には，定額法，定率法，級数法，生産高比例法があります。ここでは，主な償却方法である定額法と定率法の償却方法を紹介します。

① 定額法の計算方法

$$\frac{(取得価額-残存価額)}{減価償却期間}=減価償却費$$

　取得価額から残存価額を除いたものを，使用する期間で均等に配分します。

[設例]
　工場新設にあたり，1,000万円の機械を取得した。
　耐用年数…5年（定額法償却）
　残存価額…100万円
　減価償却費の仕訳は以下のようになります。

| （借方） | 減価償却費 | 180万円 | （貸方） | 減価償却累計額 | 180万円 |

※（取得価額1,000万円－残存価額100万円）÷5年＝180万円

② 定率法の計算方法

$$未償却残高（取得価額-償却累計額）×償却率＝減価償却費$$

　償却率は，減価償却期間が終了した時点の残高が残存価額となるように計算された率を使用します。未償却残高に毎期一定の償却率を乗じるため，償却累計額のない最初の年度の減価償却費が一番大きく，年数が経過するにつれて（償却累計額が大きくなるにつれて）減価償却費は小さくなっていきます。

[設例]
　①と同じ機械を定率法によって償却する仕訳は以下のようになります。

| （借方） | 減価償却費 | 369万円 | （貸方） | 減価償却累計額 | 369万円 |

※（取得価額1,000万円－償却累計額0万円）×0.369＝369万円
　0.369…5年後に残存価額100万円となる償却率

4-4 ファイナンス・リース取引の会計処理

リース資産として計上

☞ いよいよファイナンス・リース取引の会計処理の説明に入ります。ファイナンス・リース取引は、所有権移転型と所有権移転外型に分かれましたが、会計処理が共通する部分からみていきましょう。

工場新設にあたり、1,000万円の機械をリース契約により調達した場合。判定の結果、ファイナンス・リース取引であった。

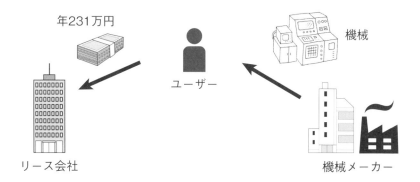

まず、**資産計上**するところまでおさえよう。

■ファイナンス・リース取引の会計処理のポイント■

これまでみてきたとおり，ファイナンス・リース取引はいわば対象資産の購入資金をリース会社から調達している取引であり，「借入をして資産を購入した」場合と類似しているといえます。そのため，借入をして資産を購入した場合と同様にリース物件を貸借対照表に資産計上するところからスタートします。

■資産計上科目は，リース資産■

貸借対照表の有形固定資産は，その種類に応じて建物，機械装置，工具器具備品などの科目で計上されます。リース取引で取得した資産の場合，これらの科目とは別に，一括してリース資産として表示することが原則とされています。これは，リース資産の合計額を示すのが有意義であることや，通常の有形固定資産のように分類することが実務上の負担となることを考慮したためです。

リース物件の購入価額が1,000万円である場合，貸借対照表にリース資産として1,000万円計上するとともに，借入金に相当するリース債務として1,000万円を計上します。

（借方）　リース資産　　1,000万円	（貸方）　リース債務　　1,000万円

このように，リース資産の計上額がわかっていればいいのですが，実際はそのようなことはありません。リース資産の計上額をどのように求めるかが次の課題になります。

One more

リース資産の貸借対照表への計上は，原則として一括してリース資産として表示しますが，有形固定資産に属する各科目に含めることも認められます。

また，たとえば所有権移転ファイナンス・リース取引は，有形固定資産の各科目に含めて，所有権移転外ファイナンス・リース取引は，リース資産として一括して表示することも認められています。

4-5 所有権移転ファイナンス・リースの資産計上額①
リース会社の購入価額がわかる場合

> リース料には，リース物件自体の購入価額だけでなく金利や維持管理費用といったコストも含まれているため，リース料総額が資産計上額になるわけでもありません。
> まず，所有権移転ファイナンス・リース取引について，リース資産として計上する金額をどのように算定するかをみていきます。

機械A

リース契約書

物件　　　　　　：　機械A
物件の搬入場所　：　工場
リース期間　　　：　5年間
リース料　　　　：　年231万円
リース期間終了後，所有権は賃借人に移転する。

この契約書の内容だと，いくらで資産計上すればいいのだろう？

■いくらで資産計上すればよいのか？■

　ファイナンス・リース取引は，リース物件の購入代金相当額をリース料としてリース期間にわたって支払うことで，その資産を使用します。
　特に，所有権移転ファイナンス・リース取引は，借手に所有権が移転すると認められる点において，借入により資産を取得し，借入期間にわたって返済を行うのと類似した取引になります。類似した取引であれば，会計処理も同様になるはずです。
　しかし，資産を購入してきた場合と異なり，リースの場合は契約書に資産の価値を表す金額はリース料しか記載されていないのが一般的です。
　それでは，いくらで資産計上すればよいでしょうか？

■貸手（リース会社）の購入価額がわかる場合■

　左の図の契約書から計算すると，リース料の総額は231万円×5年＝1,155万円となります。しかし，この1,155万円にはリース物件の購入価額だけでなく金利や維持管理費用といった付随費用も含まれています。
　このような付随費用を除いた価額，すなわち貸手であるリース会社が購入した価額がわかれば，その価額で資産計上するのが適当と考えられます。

■貸手の購入価額がわからない場合■

　しかし，貸手であるリース会社が購入した価額を知ることは，借手にとって必ずしも容易ではありません。その場合，何らかの方法により資産計上価額を計算する必要があります。この計算について，次のページでみていきます。

4-6 所有権移転ファイナンス・リースの資産計上額②
リース資産の購入価額がわからない場合

所有権移転ファイナンス・リース取引の資産計上額は，貸手の購入価額がわかる場合は，その価額となります。貸手の購入価額がわからない場合は，見積現金購入価額かリース料総額の割引現在価値のうち低い額とします。

リース会社（貸手）の購入価額がわかる

それなら，リース会社の購入価額で計上しよう。

リース会社（貸手）の購入価額がわからない

いずれか低い方
(1) 見積現金購入価額
(2) リース料総額の割引現在価値

わからない場合は，できるだけ合理的に計算するしかないか。

■貸手の購入価額がわからない場合■

　貸手の購入価額がわからない場合，自分で購入したとすればいくらになるかを見積ります。この価額を見積現金購入価額と呼びます。リース取引を資産の面から考えれば，自分で購入したとすればいくらになるかと考えられる金額で資産計上することになります。

　一方，資産を計上する際には，対応するリース債務を同じ金額で計上することになります。リース取引を負債の面から考えれば，リース料総額のうち金利相当の影響を除いた金額で負債計上することになります。つまり，リース料総額の現在価値になります。

■2つの判定基準■

　リース会計基準では，借手の見積購入価額（資産の側面）とリース料総額の現在価値（負債の側面）を比較し，保守的な見地からいずれか低い方を資産計上額とします。

　リース料総額の現在価値は，フルペイアウトの判定で用いる現在価値基準の金額と同じになります。

| One more ＞

　リース契約は，リース会社とユーザーとの間の契約ですが，リース対象物件はユーザーが選定するため，製造メーカー（サプライヤー）との交渉の過程でリース会社の購入価額を知りうる場合もあります。また，リース会社からサプライヤーの見積書を入手できる場合もあります。

　このため，リース会社の見積購入価額がわかる場合も比較的多いといえるでしょう。

4-7 所有権移転ファイナンス・リースの減価償却
自己所有資産と同様に

 所有権移転ファイナンス・リース取引の減価償却費は、自己所有の資産と同一の方法で計算します。

工場新設にあたり、1,000万円の機械をリース契約により調達した場合。判定の結果、所有権移転ファイナンス・リース取引であった。
耐用年数…5年（定額法償却）　残存価額…ゼロ
リース料…年231万円

ユーザー

200万円（1年目）
200万円（2年目）
200万円（3年目）
200万円（4年目）
200万円（5年目）
耐用年数5年

貸借対照表	
リース資産 800万円	

損益計算書
減価償却費　200万円

減価償却の仕訳をみてみよう。

■**所有権移転ファイナンス・リース取引の減価償却のポイント**■

　貸借対照表に計上されたリース資産についても，自己所有資産と同様に減価償却を行う必要があります。

　特に所有権移転型の場合，リース期間が終了した後も借手がそのまま使用する等，自己所有の場合と差異はありません。

　そのため，減価償却計算の3つの要素，つまり①減価償却期間，②残存価額，③減価償却方法のいずれも自己所有資産と同一の方法で計算します。

計算要素	設定方法 （自己所有資産）	設定方法 （所有権移転型）
①減価償却期間	経済的耐用年数	経済的耐用年数
②残存価額	見積り残存価額	見積り残存価額
③減価償却方法	合理的な償却方法	合理的な償却方法

■**減価償却の仕訳**■

　減価償却費は自己所有の資産と同様に，損益計算書に計上します。リース資産計上額が1,000万円，減価償却期間が5年，残存価額はゼロ，定額法で償却する場合，以下の仕訳となります。

（借方）　減価償却費　　　200万円	（貸方）　減価償却累計額　200万円

※（1,000万円－0万円）÷5年＝200万円

One more

　ファイナンス・リース取引のリース資産とリース債務は同額で計上されます。しかし，その後に行われる資産の減価償却による減少額とリース債務の返済による減少額が異なるため，リース資産とリース債務の金額は通常一致しなくなります。

4-8 所有権移転ファイナンス・リースの支払利息
利息の配分は利息法

 リース料には利息（金利）が含まれています。リース料の支払時には，リース料に含まれる利息部分を分けて認識する必要があります。

工場新設にあたり，1,000万円の機械をリース契約により調達した場合。
判定の結果，所有権移転ファイナンス・リース取引であった。
耐用年数…5年（定額法償却）
リース料…年231万円

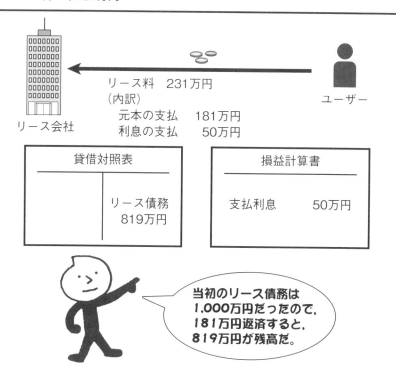

当初のリース債務は1,000万円だったので，181万円返済すると，819万円が残高だ。

■リース料支払時の処理のポイント■

ファイナンス・リースの場合，リース料総額とリース債務との差額は，利息相当額と考えます。したがって，毎月のリース料支払時に，リース料を利息相当額と元本返済額に区分して計算し，利息相当額は支払利息，元本返済額はリース債務の減少として処理します。リース会計基準では，利息の各期への配分は利息法によることとされています。

■利息の配分は利息法■

利息法とは，各期の支払利息をリース債務の未返済元本残高に一定の利率を乗じて算定する方法をいいます。このときの利率は，リース料総額の現在価値が，リース取引開始日におけるリース債務と等しくなる利率として計算されます。

リース料総額1,155万円，リース資産（リース債務）1,000万円，リース期間5年間である場合，利率は5％と計算されます。

■リース料支払時の仕訳■

利息法で利息相当額を計算する場合，次ページ≪がっちり基礎固め≫で紹介するような返済スケジュール表を作成し，仕訳を行うと便利です。この場合，1年目のリース料支払額231万円は，リース債務の返済181万円と支払利息50万円に分けられます。

| （借方） | リース債務 | 181万円 | （貸方） | 現金預金 | 231万円 |
| （借方） | 支払利息 | 50万円 | | | |

がっちり基礎固め

返済スケジュール表を理解しよう

利息の計算にあたっては，以下のような返済スケジュール表で管理することが一般的です。この返済スケジュール表について，計算ロジックを詳しくみていきましょう。

返済スケジュール表 （単位：万円）

支払日	リース料 総額	リース料 元本部分	リース料 利息部分	リース債務残高	
契約時	—	—	—	?%	1,000
1年目	231	?	?	?%	?
2年目	231	?	?	?%	?
3年目	231	?	?	?%	?
4年目	231	?	?	?%	?
5年目	231	?	?		?
合計	1,155	?	?		—

① まずは利率を計算します。

利率は，「リース料総額の現在価値が，リース取引開始日におけるリース債務と等しくなる利率」です。今回のケースでは，リース料を5年間にわたって支払うため，以下の算式で利率（r）を計算します。

$$\frac{231}{(1+r)^1} + \frac{231}{(1+r)^2} + \frac{231}{(1+r)^3} + \frac{231}{(1+r)^4} + \frac{231}{(1+r)^5} = 1,000$$

項目	金額	金額の根拠
リース料総額	1,155万円	リース契約書（231万円×5年）
当初のリース債務	1,000万円	＝資産計上額

計算の結果，利率（r）は5％と計算されます。

② 利率をもとに，リース料を元本部分と利息部分に分けます。

たとえば，1年目はリース債務残高1,000万円×5％＝50万円が利息部分になります。リース料231万円のうち50万円が利息部分ですから，元本部分は231万円－50万円＝181万円となります。その結果，1年目のリース債務残高は1,000万円－181万円＝819万円となります。

2年目以降も同様の計算を行い，リース料を元本部分と利息部分に分けていきます。毎年元本部分の返済が行われ，リース債務残高が減っていくため，リース料に占める利息部分の割合が減少し，元本部分の割合が増加しているのがわかります。

このようにして作成した結果が，返済スケジュール表となります（なお，1万円未満の端数は調整しています）。

返済スケジュール表　　　　　　　　　　　　　　　　　（単位：万円）

支払日	リース料 総額	リース料 元本部分	リース料 利息部分	リース債務残高	
契約時	—	—	—	① 5%	1,000
1年目	231	② 181	50	5%	819
2年目	231	190	41	5%	629
3年目	231	200	31	5%	429
4年目	231	210	21	5%	219
5年目	231	219	12		0
合計	1,155	1,000	155	—	

ここでは後払いによる年利計算をしています。実際のリース取引は月払いが多く，利息法の計算はもう少し複雑になります。

なお，この本では理解を容易にするために，この返済スケジュール表を基本モデルとして各設例で利用します。

4-9 所有権移転型と所有権移転外型の違い
リース物件を使用する権利を売買するもの

 ここからは、所有権移転外ファイナンス・リース取引の会計処理をみていきます。所有権移転型と所有権移転外型の性格の違いが会計処理の違いとして表れてきます。

下記のいずれかに該当するか

(1) 所有権移転条項がある
(2) 割安購入選択権がある
(3) 特別仕様物件である

 No → 所有権移転外ファイナンス・リース

Yes

所有権移転ファイナンス・リース

売買の性格
（借入による購入）

資金調達の性格を持つ賃貸借

この性格の違いが会計処理の違いでもあるのか。

■所有権移転型と所有権移転外型の違い■

　ここで，所有権移転型と所有権移転外型の区分判定をおさらいします。

　リース会計基準では，判定において以下の3つの条件を示し，そのうち1つでも該当する場合は所有権移転型，該当しない場合は所有権移転外型に該当するとしています。

① 所有権移転条項があるか
② 割安購入選択権があるか
③ リース物件が，特別仕様物件か

■所有権移転ファイナンス・リースの特徴■

　所有権移転型の性格は売買です。リース物件の所有権は借手に移転するものであるため，リース物件を借入により取得した場合と同様の会計処理になります。

■所有権移転外ファイナンス・リースの特徴■

　一方，所有権移転外型の性格は，資金調達の側面を持ちながらもやはり賃貸借であることです。リース物件は返還されるため，リース物件そのものの売買というよりは，リース期間においてリース物件を使用する権利を売買していると考えることができます。

　このような違いから，所有権移転外ファイナンス・リース取引は，所有権移転ファイナンス・リース取引と一部異なる会計処理をする必要があります。

> **One more**
>
> 　キャッシュ・フローの面から考えると，所有権移転型はリース物件の使用に付随する維持管理費用を借手がリース契約外で負担することが多いのに対し，所有権移転外型はそれらも含めてリース料を構成するためキャッシュ・フローが定額になるという特徴があります。

One more

リース会計基準の導入・改正の経緯

　リース会計基準の歴史を追うことで，なぜリース会計基準が導入されたのか，なぜ改正されたのか理解しましょう。

■リース会計基準の導入■

　リース会計基準は，平成5年に公表され平成6年に初めて導入されました。それまで，わが国にはリースに関して定めた会計基準はなく，会計実務では法的形式に従って「賃貸借取引」として処理されてきました。しかし，これまでみてきたとおり，ファイナンス・リース取引は資金調達の1つの手段であり，実質的には物件を購入した場合と変わらないにもかかわらず，購入の場合には貸借対照表に資産計上（オンバランス）され，リースの場合には固定資産ばかりか将来支払うべき債務も計上されない（オフバランス）というのでは，決算書の比較可能性が損なわれることになります。

　そのためリース会計基準では，リース取引をファイナンス・リース取引とオペレーティング・リース取引に分類した上で，ファイナンス・リース取引については売買処理することとしました。ただし，ファイナンス・リース取引のうち，所有権移転外ファイナンス・リース取引については，一定の注記をすることを要件として賃貸借処理とすることを認

めていました。

　このように，所有権移転外ファイナンス・リース取引の「賃貸借処理」が認められたことにより，例外処理であるはずの賃貸借処理が多くの企業で行われたため，決算書の比較可能性を完全に確保することはできなかったのです。

■リース会計基準の改正■

　こうした課題を是正するべく，平成19年に改正リース会計基準が公表されました。改正点はいくつかありますが，最も大きなものは，例外処理として認められていた所有権移転外ファイナンス・リース取引の賃貸借処理を廃止し，資産計上を強制することとなった点です。

平成5年リース会計基準公表

ファイナンス・リース取引	所有権移転	売買取引
	所有権移転外	原則：売買取引 例外：賃貸借取引

平成19年改正リース会計基準公表

ファイナンス・リース取引	所有権移転	売買取引
	所有権移転外	売買取引

■所有権移転型と所有権移転外型■

　現在では所有権移転か移転外かにかかわらず，ファイナンス・リース取引は売買処理することとなっています。かつては，所有権移転外であれば，賃貸借処理が認められていたので大きな違いでしたが，いまでは資産計上額の判定，減価償却や利息計算といった一部に違いがみられる程度です。

4−10 所有権移転外ファイナンス・リースの資産計上額
貸手の購入価額がわかる場合に注意

所有権移転外ファイナンス・リース取引の資産計上額は、所有権移転ファイナンス・リース取引の場合と若干異なります。貸手の購入価額がわかる場合でも、リース料総額の現在価値と比較し、いずれか低い価額で計上します。

リース会社（貸手）の購入価額がわかる

いずれか低い方
(1) 貸手の購入価額
(2) リース料総額の現在価値

なんだかここが、所有権移転型との違いみたいだな。4−6と比較してみよう。

リース会社（貸手）の購入価額がわからない

いずれか低い方
(1) 見積現金購入価額
(2) リース料総額の現在価値

■貸手の購入価額がわかる場合（所有権移転型と相違）■

　貸手の購入価額がわかる場合，貸手の購入価額とリース料総額の現在価値のいずれか低い価額で資産計上します。所有権移転型の場合には，このような比較を行わず貸手の購入価額を使うため，取扱いが異なります。

　これは，例えばリース期間の終了後に所有者であるリース会社がリース物件を売却できる場合に，これを考慮した価額，すなわち貸手の購入価額を下回る金額でリース料が設定されることも想定されるためです。リース期間にわたってリース物件を使用する権利を売買している，と考えると，単純に貸手の購入価額を使うのでなく，いずれか低い額を使用するということが理解できると思います。

■貸手の購入価額がわからない場合（所有権移転型と同じ）■

　貸手の購入価額がわからない場合は，所有権移転ファイナンス・リースと同様の検討を行います。

　見積現金購入価額（資産の側面）とリース料総額の現在価値（負債の側面）を比較し，いずれか低い方を資産計上額とします。

■資産計上時の仕訳（所有権移転型と同じ）■

　リース物件の資産計上額が1,000万円と算定された場合，貸借対照表にリース資産として1,000万円，リース債務として1,000万円を計上します。

| （借方） | リース資産 | 1,000万円 | （貸方） | リース債務 | 1,000万円 |

がっちり基礎固め

所有権移転ファイナンス・リース取引と，所有権移転外ファイナンス・リース取引の資産計上額の求め方を，設例に基づいてみてみましょう。

【前提】

A社は自社工場で使用する機械について，リースにより調達することにした。

解約不能のリース期間5年，リース料年231万円（総額1,155万円）であり，利率は5％である。また，調達先からの交渉の過程で入手した情報から，見積現金購入価額は1,050万円と算定された。

(1) 所有権移転外ファイナンス・リース取引

① 貸手の購入価額が900万円である場合

前提の条件に加え，所有権移転条項なし，割安購入選択権なし，リース物件は特別仕様ではない，すなわち所有権移転外ファイナンス・リース取引と判断された場合の資産計上額はいくらになるでしょうか？

まず，貸手の購入価額が900万円と判明しているため，貸手の購入価額とリース料総額の現在価値のうち低い方で資産計上することになります。リース料総額の現在価値は以下のとおり，1,000万円と算定されました。

(単位：万円)

	リース料	現在価値	計算式
1年目	231	220	=231÷1.05^1
2年目	231	210	=231÷1.05^2
3年目	231	200	=231÷1.05^3
4年目	231	190	=231÷1.05^4
5年目	231	180	=231÷1.05^5
合計	1,155	1,000	

リース料総額の現在価値1,000万円より貸手の購入価額が低い額であるため、リース資産の計上額は900万円となります。

② 貸手の購入価額が不明である場合

所有権移転外ファイナンス・リース取引の場合で、貸手の現金購入価額が不明なケースを考えてみましょう。この場合、借手の見積購入価額とリース料総額の現在価値を比較し、いずれか低い方を資産計上額とします。

①の計算のとおり、リース料総額の現在価値は1,000万円であり、借手の見積購入価額1,050万円より低い額であるため、リース資産の計上額は、1,000万円となります。

(2) 所有権移転ファイナンス・リース取引

① 貸手の現金購入価額が900万円である場合

前提の条件に加え、リース物件が特別仕様であり、所有権移転ファイナンス・リース取引と判断された場合の資産計上額を考えてみましょう。

貸手の現金購入価額が判明しているため、リース資産の計上額は900万円となります。所有権移転ファイナンス・リース取引の場合、貸手の購入価額がわかれば、その価額で資産計上します。

② 貸手の現金購入価額が不明である場合

所有権移転ファイナンス・リース取引の場合で、貸手の購入価額が不明なケースを考えてみましょう。この場合、見積現金購入価額とリース料総額の現在価値を比較し、いずれか低い方を資産計上額とします。

(1)①の計算のとおり、リース料総額の現在価値は1,000万円であり、借手の見積購入価額1,050万円より低い額であるため、リース資産の計上額は、1,000万円となります。

4-11 所有権移転外ファイナンス・リースの減価償却

リース期間で償却し,残存価額はゼロ

 所有権移転外ファイナンス・リース取引の減価償却費は,リース期間終了後にリース物件を返却するという特徴から,所有権移転ファイナンス・リースと処理が異なります。

工場新設にあたり,1,000万円の機械をリース契約により調達した場合。
判定の結果,所有権移転外ファイナンス・リース取引であった。
リース期間…5年(定額法償却)
リース料…年231万円

ユーザー

200万円(1年目)
200万円(2年目)
200万円(3年目)
200万円(4年目)
200万円(5年目)
リース期間5年

貸借対照表	
リース資産 800万円	

損益計算書
減価償却費　200万円

リース期間に合わせて償却するんだ。

■所有権移転外ファイナンス・リース取引の減価償却のポイント■

所有権移転型はリース期間終了後も資産を使い続けることになるのに対し，所有権移転外型の場合，リース期間終了後はリース物件を返還することになるため，減価償却計算は相違します。

■所有権移転ファイナンス・リース取引の減価償却■

所有権移転型の場合，自己所有資産と同一の方法で減価償却を行います。

■所有権移転外ファイナンス・リース取引の減価償却■

所有権移転外型の場合，減価償却期間はリース期間，残存価額はゼロ，減価償却方法は企業の実態に応じたものを選択適用し，自己所有の固定資産の減価償却方法と同一の方法による必要はないとされています。

計算要素	所有権移転 ファイナンス・リース	所有権移転外 ファイナンス・リース
①減価償却期間	経済的耐用年数	リース期間
②残存価額	見積り残存価額	ゼロ
③減価償却方法	合理的な償却方法	企業の実態に即した償却方法

■減価償却の仕訳■

リース資産計上額が1,000万円，リース期間5年，定額法で償却する場合，以下の仕訳となります。

（借方） 減価償却費 200万円 （貸方） 減価償却累計額 200万円

※1,000万円÷5年＝200万円

4-12 所有権移転外ファイナンス・リースの支払利息

重要性が乏しい場合は簡便性も認められる

所有権移転外ファイナンス・リース取引については、リース資産総額に重要性が乏しい場合、利息の取扱いについて簡便的な処理を行うことが認められています。

支払利息の取扱い

原　則	利息法で各期に配分
簡便法	次のどちらかの採用が可能 (1) 利息相当額をリース料総額から控除しない (2) 利息相当額を定額で各期に配分

重要性がなければ、簡単な処理でいいんだ。

■支払リース料の処理■

ファイナンス・リース取引では，リース料総額とリース資産計上額との差額は利息相当額として，毎月のリース料の支払時に，利息相当額は支払利息，元本返済額は，リース債務の減少として処理します。

■利息相当額の配分方法（原則法）■

所有権移転外型においても，利息相当額の総額は，原則として利息法により，リース期間中の各期に分配します。

■利息相当額の配分方法（簡便法）■

所有権移転外型の場合，リース資産総額に重要性が乏しいと認められる場合は，次のいずれかの方法により会計処理することが可能です。

① リース料総額から利息相当額の合理的な見積額を控除しない方法

リース料総額から利息相当額を控除せず，リース料総額でリース資産およびリース債務を計上することができます。リース料総額の現在価値を計算しなくてもよいこと，支払リース料はそのままリース債務の減少とすることから，簡便的な方法といえます。

② 利息相当額を定額で配分する方法

利息の計算を，利息法ではなく，定額法で計算することができます。そのため，リース料支払時の会計処理が毎期同じになるので，簡便的な方法といえます。

■重要性の判断■

重要性が乏しいと認められる場合とは，未経過リース料残高が，未経過リース料残高と有形無形固定資産残高合計金額の10％未満である場合をいいます。

がっちり基礎固め

1．リース資産総額に重要性が乏しいと認められる場合

　所有権移転外型の場合，リース資産総額に重要性が乏しいと認められるときは，簡便的な方法により会計処理することが可能です。

　重要性の判断基準は，リース会計基準に定められており，未経過リース料の期末残高が，当該期末残高，有形固定資産および無形固定資産の期末残高の合計額に占める割合が10％未満の場合となります。

$$\frac{未経過リース料の期末残高}{有形固定資産，無形固定資産の期末残高＋未経過リース料の期末残高} < 10\%$$

　未経過リース料とは，リース総額のうち未払であるためリース債務として負債に計上されている金額をいいます。簡便法で処理するリース資産総額の割合を測定することで重要性を判断するため，未経過リース料の期末残高からは，原則法である利息法を適用しているリース資産に係るものや，リース総額が300万円以下であるため賃貸借処理が行われているものは除きます。

2．簡便法の仕訳

① リース料総額から利息相当額を控除しない方法

　リース料総額1,155万円，リース資産（リース債務）1,000万円，リース期間5年，支払リース料年231万円のリース取引で，利息相当額を控除しない場合は，次の仕訳になります。

① リース取引開始日
(借方) リース資産　1,155万円　　(貸方) リース債務　1,155万円
② リース料の支払日
(借方) リース債務　231万円　　(貸方) 現金預金　231万円
(借方) 減価償却費※　231万円　　(貸方) リース資産　231万円

※所有権移転外型のため，リース資産金額をリース期間（5年）で償却します。ここでは定額法によっています。

② 利息相当額を定額で配分する方法

　リース料総額を，原則法と同様にリース資産・債務（元本部分）と利息相当額に区分計算するものの，利息相当額は定額で配分する方法です。

① リース取引開始日
(借方) リース資産　1,000万円　　(貸方) リース債務　1,000万円
② リース料の支払日
(借方) リース債務　200万円　　(貸方) 現金預金　231万円
(借方) 支払利息　31万円
(借方) 減価償却費　200万円　　(貸方) リース資産　200万円

　この場合，以下の返済スケジュールのとおり，利息は定額で配分されます。

返済スケジュール表　　　　　　　　　　　　　　　　（単位：万円）

支払日	リース料			リース債務残高
	総額	元本部分	利息部分	
契約時	—	—	—	1,000
1年目	231	200	31	800
2年目	231	200	31	600
3年目	231	200	31	400
4年目	231	200	31	200
5年目	231	200	31	0
合計	1,155	1,000	155	—

4-13 重要性が乏しいリース取引
賃貸借処理が可能

すべてのファイナンス・リース取引について，売買処理による会計処理を行わなければならないのでしょうか？ 会社にとって重要性の乏しいリース取引についてまで，原則どおりの会計処理を行うことは大変な作業となりそうです。

大変な判定をしなくてもいいのか！

重要性判定
・リース期間が1年以内
・リース料に重要性がない
・リース料が300万円以下

■重要性が乏しいリース取引については，判定不要■

重要性が乏しいファイナンス・リース取引については，簡便的にリース料を費用として計上する処理，いわゆる賃貸借処理を行うことが認められています。

重要性が乏しいリース取引とは，以下のいずれかの取引をいいます。

① リース期間が1年以内のリース取引

リース期間が1年以内の場合には，売買処理により貸借対照表に計上したとしても短期間に減価償却が終わるため，賃貸借処理を行った場合と概ね同様の結果となるためです。

② リース契約に含まれる個々の物件のリース料に重要性が乏しい場合

重要性の乏しい減価償却資産について，実務上は購入時に費用処理する方法を採用することが認められています。リース取引についても，リース契約に含まれる個々の物件のリース料に重要性が乏しい場合には，賃貸借処理を行うことが認められています。

③ リース契約1件当たりのリース料が300万円以下のリース取引

会社の事業内容に照らして重要性の乏しいリース取引で，リース契約1件当たりのリース料総額が300万円以下のリース取引については，賃貸借処理を行うことが認められています。なお，この判断は契約1件ごとに行いますが，1つのリース契約に科目の異なる有形固定資産または無形固定資産が含まれている場合は，異なる科目ごとに，その合計金額により判定を行うことも可能です。

ただし，③については，所有権移転ファイナンス・リース取引には認められていません。

4-14 まとめ① リース契約を結んだら，まず分類
契約名称にかかわらず判断する

 これまでリースの借手の会計処理をひととおり学習しました。ここでは，リース取引の分類のポイントを整理しておきましょう。

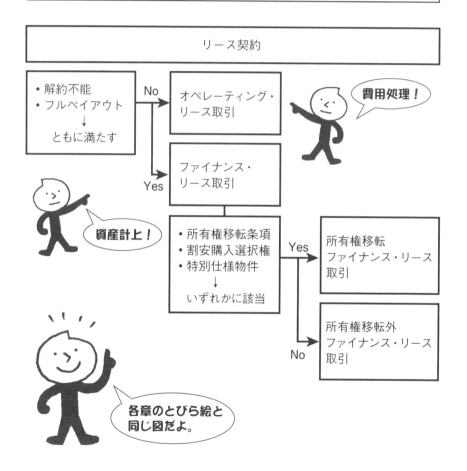

■実態を判断■

世の中にはさまざまな条件のリース契約があります。同じ「リース」という名前がついていても，契約内容により実態が異なることはこれまでみてきたとおりです。

賃貸借（リース）契約を締結した場合，契約やリース取引の実態に照らして，ファイナンス・リースかオペレーティング・リースか，またファイナンス・リースに該当した場合には，所有権移転ファイナンス・リースか所有権移転外ファイナンス・リースに分類する必要があります。

なお，「リース」という名称がついていなくても，内容はリースという場合もありますので，契約書の名称にかかわらずリース取引であるかどうかを見極める必要があります。

■判断の順序■

リース取引がどのタイプに分類されるかを判断するにあたっての順序を確認しましょう。まずはオペレーティング・リースであるか，ファイナンス・リースであるかを判断する必要があります。第2章で確認した判定の条件である「フルペイアウトか」および「解約不能か」について，契約書から判断します。

ファイナンス・リースと判断した場合は，次に所有権移転ファイナンス・リースであるか，所有権移転外ファイナンス・リースであるのかを，「所有権移転条項の有無」，「割安購入選択権の有無」，「特別仕様物件か否か」により判断します。

4-15 まとめ② リース取引ごとに会計処理
2つのリース取引の4つの違い

> リース取引を分類したら、それぞれの取引ごとにリース会計基準に定められた会計処理を行います。ここでは、2つのファイナンス・リース取引の会計処理のポイントを押さえます。

	所有権移転型	所有権移転外型	
		原則	重要性低
資産計上額	貸手の購入価額等 判明 ↓ 貸手の購入価額 不明 ↓ 見積現金購入価額or リース料総額の現在価値のいずれか低い方	貸手の購入価額等 判明 ↓ 貸手の購入価額or リース料総額の現在価値のいずれか低い方 不明 ↓ 所有権移転型と同じ	リース料総額
支払利息	利息法により計算	利息法により計算	・リース料総額から控除しない方法 ・定額で配分
減価償却	・償却期間 　経済的耐用年数 ・残存価額 　見積残存価額 ・方法 　自己所有資産と同じ方法	・償却期間 　リース期間 ・残存価額 　原則ゼロ ・方法 　合理的な方法	
個々の重要性	①短期（1年以内） ②少額	①短期（1年以内）+②少額 ③300万円以下	

■リース取引の分類■

　左の図は，所有権移転ファイナンス・リース取引と所有権移転外ファイナンス・リース取引の会計処理をまとめたものです。(!)マークのついている箇所が，注目して欲しい会計処理の違いのポイントです。

■重要性低■

　大きな違いとしては，所有権移転外型には「重要性低」という欄があるのに対し，所有権移転型にはそのような欄はありません。

　所有権移転型は売買の性格が強いため，より原則的な処理が求められているのです。なお，ここでいう重要性とは，リース資産総額に重要性が乏しい場合をいいます。

■貸手の購入価額等■

　所有権移転外型においては，貸手の購入価額等がわかる場合，その価額とリース料総額の割引現在価値とを比較し，いずれか低い方を資産計上額とする点が所有権移転型との違いです。

■減価償却■

　所有権移転型は自己所有の資産と同様の減価償却が求められるのに対し，所有権移転外型はリース期間で償却する点が異なります。

■個々のリース取引の重要性■

　個々のリース取引に重要性がない場合，簡便的に賃貸借処理が認められていますが，所有権移転外型には，300万円以下という要件が加わっているところが異なります。

One more

リース料を年に複数回に分けて支払う場合

これまでの説明では,借手がリース料を1年ごとに後払いすることを前提としてきました。しかし,実際のリース取引では,リース料を半年ごとまたは毎月支払う場合など,さまざまな支払方法があります。

リース料の支払方法が変わると,リース料にかかる利息相当額も変わってきます。

ここでは,リース料の支払方法が変わるとリース料の返済スケジュール表にどのような影響を及ぼすかについてみていきましょう。

① リース料を半年ごとに支払う場合

通常,利息は複利計算されます。リース料を半年ごとに後払いで支払う場合,1年ごとに支払うよりも半年早いタイミングで支払が行われて元本が減少するため,利息の金額も1年ごとに支払う場合と異なります。

リース料(115.5万円)を半年ごとに5年間にわたって支払う場合,以下の算式で利率(r)を計算します。半年ごとに支払う場合には,利率を2分の1にした上で,支払回数である10回(2回/年×5年)として計算します。

$$\frac{115.5}{(1+r\times\frac{1}{2})^{\wedge}1} + \frac{115.5}{(1+r\times\frac{1}{2})^{\wedge}2} + \frac{115.5}{(1+r\times\frac{1}{2})^{\wedge}3} + \cdots + \frac{115.5}{(1+r\times\frac{1}{2})^{\wedge}10} = 1{,}000$$

計算の結果,利率(r)は5.4%(年利)と計算されます。

それでは，5.4%の利率（年利）を用いて，返済スケジュール表を作成してみましょう。リース料の支払時期以外の条件は基本モデルと同様である場合，返済スケジュール表は以下のようになります。

返済スケジュール表　　　　　　　　　　　　　　　　　　（単位：万円）

支払日	リース料			リース債務残高	
	総額	元本部分	利息部分		
契約時	—	—	—	2.7%	1,000.0
1年目（1/2）	115.5	88.5	27.0	2.7%	911.5
〃　（2/2）	115.5	90.8	24.7	2.7%	820.7
2年目（1/2）	115.5	93.2	22.3	2.7%	727.5
〃　（2/2）	115.5	95.8	19.7	2.7%	631.7
3年目（1/2）	115.5	98.3	17.2	2.7%	533.4
〃　（2/2）	115.5	101.0	14.5	2.7%	432.4
4年目（1/2）	115.5	103.8	11.7	2.7%	328.6
〃　（2/2）	115.5	106.6	8.9	2.7%	222.0
5年目（1/2）	115.5	109.5	6.0	2.7%	112.5
〃　（2/2）	115.5	112.5	3.0	2.7%	0.0
合計	1,155.0	999.9	155.1		—

このようにリース料の支払方法の違いは，利率に影響を与え，その結果として，支払利息やリース債務残高にも影響を及ぼすこととなります。

② リース料を毎月支払う場合

リース料を毎月支払う場合も同様に，利率を12分の1にした上で，期間を支払回数である60回（12回/年×5年）として計算します。表計算ソフト等を利用すると簡単に算定することができます。

リース取引と消費税

　リース取引に関する借手の消費税の取扱いはどのようなものになっているのでしょうか？

　ファイナンス・リース取引の場合，税務上はリース資産の売買取引として取り扱われるため，リース資産の引渡時に，リース料総額に係る消費税を仕入に係る消費税として処理します。一方，オペレーティング・リース取引の場合には，税務上は資産の賃貸借取引として取り扱われるため，リース料の支払時に，仕入に係る消費税として処理します。

消費税率の改正（5％⇒8％）の取扱いは？

　平成26年4月1日より消費税率が5％から8％となりました。この消費税率の改正は，平成26年3月31日以前に契約済のリース取引についてどのような影響があるのでしょうか？

① **平成20年4月1日以降に契約したファイナンス・リース取引**

　リース資産の引渡しが平成26年3月31日以前に完了している場合には，平成26年4月1日以降のリース料に係る消費税は5％となります。一方，リース資産の引渡しが平成26年4月1日以降の場合には，リース料に係る消費税は8％となります。

② **平成20年3月31日以前に契約したファイナンス・リース取引**

　リース会計基準の導入に合わせた税制改正により平成20年4月1日以降に契約した所有権移転外ファイナンス・リース取引は「資産の譲渡」として，それ以前に契約したものについては「資産の貸付」として取り扱われます。よって，平成26年4月1日以降に支払うリース料に係る消費税についても5％とする経過措置が講じられています。

③ **平成25年9月30日以前に契約したオペレーティング・リース取引の一部**

　契約日が平成25年9月30日以前で，かつ，リース資産の引渡しが平成26年3月31日以前に行われている場合には，平成26年4月1日以降のリース料に係る消費税についても5％となります。

④ **③以外のオペレーティング・リース取引**

　③以外のオペレーティング・リース取引については，平成26年4月1日以降のリース料に係る消費税は8％となります。

第5章 リース会社（貸手）の会計処理

　これまではユーザー（借手）側の会計処理をみてきました。
　第5章では，リース会社（貸手）の会計処理を解説します。リース取引のもう一方の当事者であるリース会社側の会計処理を知ることで，リース会計をより一層理解することができます。

5−1 リース会社の決算書をみてみよう！
リース会社の売上とは

第4章まではユーザー（借手）の会計処理をみてきました。
第5章ではリース会社（貸手）に焦点を当てます。

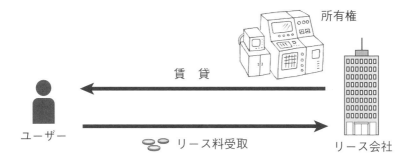

リース会社の決算書は
どうなっているんだろう。

■ユーザー（借手）の会計処理■

　リース契約の内容がファイナンス・リース取引と判定された場合には，ユーザー（借手）は貸借対照表にリース物件をリース資産として計上し，リース期間にわたって規則的に減価償却を行います。

　また，対応するリース債務を貸借対照表に計上するとともに，リース料に含まれる利息相当額を損益計算書に支払利息として計上します。

■リース会社（貸手）の会計処理■

　それでは，ユーザー（借手）の決算書で資産として計上されたリース物件は，リース会社の決算書ではどのように計上されているのでしょうか。

　リース会社の決算書をみると，損益計算書には，売上高と売上原価という一般的な科目が計上されています。一方で，貸借対照表には，「リース債権」とい見慣れない名称の科目が計上されています。

　それでは，リース会社の会計処理を次のページからみていきましょう。

5-2 リース取引の２つの性質
売買取引とファイナンス取引の性質

リース会社の立場でリース取引の流れをみると，リース取引には売買取引とファイナンス取引という２つの性質があることがわかります。

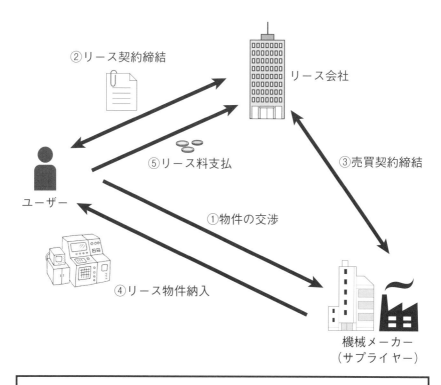

① ユーザー（借手）が機械メーカーと交渉
② ユーザーがリース会社にリースの申し込み・契約締結
③ リース会社が機械メーカーからリース物件を購入（売買契約）
④ 機械メーカーがユーザーにリース物件の納入
⑤ ユーザーがリース会社にリース料を支払

■リース取引の流れ■

　リース契約は賃貸借契約であるものの，短期のレンタルのようにリース会社が所有するモノを，リース契約の都度，ユーザーに賃貸するわけではありません。

　ユーザーが機械をリース取引で調達する場合，機械メーカー（サプライヤー）との間でリース物件の仕様など諸条件を交渉します。ユーザーはその後，リース会社にリースの申し込みを行い，リース会社は機械メーカーからリース対象となる機械を購入し，ユーザーに引き渡します。

　そのため，リース会社と機械メーカー（サプライヤー）との間で機械の売買契約，リース会社とユーザーとの間でリース契約が締結されます。

■リース会社からみるリース取引の2つの性質■

　リース物件に着目をすると，リース会社は機械メーカーから購入すると同時に，ユーザーに引き渡し，その後はリース期間にわたってユーザーが使用するため，リース物件を売却するという売買取引としての性質を有しています。

　お金の動きに着目をすると，リース会社はユーザーの代わりに物件を購入して，ユーザーに引き渡すことにより物件購入代金相当額を貸し付けて，リース期間にわたって回収を行うというファイナンス取引としての性質を有しています。

　このようにリース会社にとって，リース取引は売買取引とファイナンス取引という2つの性質をもつ取引と考えられます。

One more

　契約上はリース会社が機械メーカーから購入し，ユーザーに引き渡していますが，実務上は機械メーカーからユーザーに直接納入されるケースが多く見受けられます。

5-3 リース会社の会計処理①
リース取引の2つの性質と3つの会計処理

リース会社(貸手)であっても、リース取引を、所有権移転ファイナンス・リース取引、所有権移転外ファイナンス・リース取引、オペレーティング・リース取引に分類します。
まずは、所有権移転ファイナンス・リース取引の会計処理をみてみましょう。

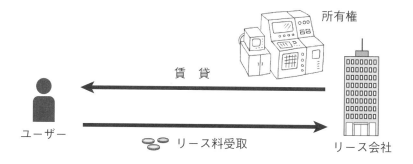

【所有権移転ファイナンス・リース取引の会計処理】
第1法:売買取引の性質を重視した方法
第2法:売買取引とファイナンス取引の両方の性質を考慮した方法
第3法:ファイナンス取引の性質を重視した方法

■3つの方法■

　リース会計基準では，リース会社の会計処理として，第1法，第2法，第3法という3つの方法を示し，いずれかの方法を選択できるとしています。

■第2法：売買取引とファイナンス取引の両方の性質を考慮した方法■

　3つの方法のうち，最も一般的で理解しやすい第2法からみていきましょう。第2法は，リース期間中の各期の受取リース料を売上として計上する方法です。リースを主たる事業としている場合に適合し，売買取引とファイナンス取引という両方の性質を考慮しているといえます。

① リース物件の購入からリース取引の開始まで

　所有権移転ファイナンス・リース取引は，リース会社からみるとユーザーにリース物件の購入資金を貸し付けたのと同様の経済的効果を有することになります。そのため，リース会社ではユーザーに対する債権を認識します。ただし，リース会社はユーザーに直接資金を貸し付けたわけではないため，貸借対照表には「貸付金」ではなく，「リース債権」という科目で計上します。

　購入価額1,000万円の機械を，リース期間5年，リース料年231万円（リース料総額1,155万円）という条件でリース契約を締結し，このリース取引が所有権移転ファイナンス・リース取引に該当する場合の仕訳は以下のとおりとなります。

```
【リース取引開始日】
(借方)　リース債権　　1,000万円　　(貸方)　買掛金　　　1,000万円
```

　この仕訳は，購入した物件と債務を貸借対照表に計上する仕訳と，購入した物件を購入した価額でそのままユーザーに譲渡した仕訳に分解して考えると理解しやすくなります。

【メーカーから機械を購入】
(借方)　機械装置　　1,000万円　　(貸方)　買掛金　　1,000万円

【ユーザーに譲渡＝リース取引開始】
(借方)　リース債権　　1,000万円　　(貸方)　機械装置　　1,000万円

② リース期間中の会計処理

【リース料の受取り】
(借方)　現金預金　　231万円　　(貸方)　売上高　　231万円
(借方)　売上原価　　181万円　　(貸方)　リース債権　　181万円

　リース会社は，リース料を受け取った時に受取額を売上高として計上します。また，リース料から利息相当額を差し引いた金額を，リース債権から各期の売上原価に振り替えます。

　これは，貸付というサービスの提供を行った対価としてのリース料の受取は「売上高」として計上すべきものであるとともに，それに対応する原価として貸付額を各期に配分すべきという考えによるものです。

　この結果，利益額は，売上231万円－売上原価181万円＝50万円，リース債権は，1,000万円－181万円＝819万円となります。

One more

リース債権残高の計算方法

ユーザー（借手）がリース料をリース債務の元本部分と利息部分に区分して把握するのと同様に，リース会社（貸手）もリース債権を元本部分と利息部分に区分します。

利息部分は，各期のリース債権残高に対して一定の利益率になるように，すなわち借手の場合と同じ利息法により配分します。

たとえば，1年目はリース債権残高1,000万円×5％＝50万円が利息部分になります。リース料231万円のうち50万円が利息部分ですから，元本部分は231万円－50万円＝181万円となります。そして，1年目のリース債権残高は1,000万円－181万円＝819万円と計算されます。

回収スケジュール表　　　　　　　　　　　　　　　　　（単位：万円）

支払日	リース料			リース債権残高	
	総額	元本部分	利息部分		
契約時	—	—	—	5%	1,000
1年目	231	181	50	5%	819
2年目	231	190	41	5%	629
3年目	231	200	31	5%	429
4年目	231	210	21	5%	219
5年目	231	219	12		0
合計	1,155	1,000	155		—

なお，利率はリース料総額（1,155万円）がリース物件の現金購入価額（1,000万円）と等しくなる利率として計算します。計算方法は92ページの①と同様になります。

5-4 リース会社の会計処理②
それぞれの性質を重視した会計処理

 残りの2つの方法およびオペレーティング・リース取引の会計処理についても，設例にもとづき確認しましょう。

■第1法：売買取引の性質を重視した方法■

第1法は，ファイナンス・リース取引の売買取引の性質を重視して，リース取引の開始日に，リース料総額で売上高とリース債権を計上すると同時に，リース物件の購入価額で売上原価を計上します。ただし，売上高と売上原価の差額，すなわち利息相当額は，リース期間にわたって配分するため，各期末日後に対応する利息部分は繰り延べ処理します。

結果として，各期の利益は第2法と同様となります。

製造業や卸売業の会社が，製品の提供手段としてリース取引を利用する場合に適合します。

```
① リース取引開始時
(借方) リース債権    1,155万円    (貸方) 売上高    1,155万円
(借方) 売上原価      1,000万円    (貸方) 買掛金    1,000万円

② リース料回収時（1年目）
(借方) 現金預金       231万円    (貸方) リース債権   231万円

③ 決算時の仕訳（1年目）
(借方) 繰延リース     105万円    (貸方) 繰延リース   105万円
       利益繰入（PL）                     利益（BS）
```

リース取引開始時に，売上1,155万円，売上原価1,000万円で計上するため，差額としての利益は155万円となりますが，決算時の利益の繰延処理により，1年目の利益は155万円－105万円＝50万円となります。これは，第2法の利益50万円と一致します。

なお，③の繰延リース利益（BS）は，貸借対照表上，リース債権と相殺します。その結果，1年目のリース料回収後のリース債権は，1,155万円－231万円－105万円＝819万円となるため，第2法と一致します。

■**第3法：ファイナンス取引の性質を重視した方法**■

第3法は，リース取引の開始時に，第2法と同様にリース物件の購入価額でリース債権を計上します。ただし，リース料の受取時においては，受取リース料を利息部分と元本部分とに区分し，利息部分は損益として計上し，元本部分はリース債権の減少として処理します。

① リース取引開始時			
（借方） リース債権 1,000万円	（貸方）	買掛金	1,000万円
② リース料回収時（1年目）			
（借方） 現金預金 231万円	（貸方）	リース債権	181万円
	（貸方）	受取利息	50万円

この方法は，ファイナンス取引の性質を重視するため，損益計算書に計上されるのはリース資金の貸付により得られた受取利息の50万円ですが，損益への影響は第1法，第2法と一致します。また，1年目のリース料回収後のリース債権は1,000万円－181万円＝819万円となるため，これも第1法，第2法と同様となります。

金融機関などがリース業務を行う場合に適合する方法です。

■オペレーティング・リース取引■

　オペレーティング・リース取引は，通常の「賃貸借処理」に係る方法に準じて会計処理を行います。リース会社は賃貸する物件を購入価額で固定資産として計上し，受け取ったリース料を売上高として計上します。その固定資産は減価償却を行い，減価償却費はリース原価として売上原価に計上します。

> **One more**

現金購入価額と現金販売価額が異なる場合
　ここでは，リース会社の現金購入価額とユーザーに対する現金販売価額が等しい場合の計算例を示しています。この場合，リース料総額とリース物件の購入価額の差は利息相当額となります。
　しかし，もし，リース会社が有利に物件を調達する能力がありユーザーへの販売価額より低い価額で購入した場合，その差額は利息相当額とは区分して販売益として取り扱います。この販売益は，販売基準または割賦基準により処理します。
　販売基準であれば，リース取引開始時に一括で認識されます。割賦基準であれば，リース期間にわたって各期に配分されることになります。ただし，配分の結果，利息相当額の認識と大きな差はなくなりますので，リース会計基準では，利息相当額に含めて処理することができるとしています。
　また，販売益がリース料に占める割合に重要性が乏しければ，同様に利息相当額と区分しなくてもよいとされています。

がっちり基礎固め

3つの会計処理が1年目のリース料回収後の貸借対照表および損益計算書にどのように表示されるか確認しましょう。

（第1法）

売買 ↑

貸借対照表

リース債権	買掛金
819万円	1,000万円

損益計算書

売上高	1,155万円
売上原価	△1,000
繰延リース利益繰入	△105
利　益	50万円

（第2法）

貸借対照表

リース債権	買掛金
819万円	1,000万円

損益計算書

売上高	231万円
売上原価	181
利　益	50万円

（第3法）

↓ ファイナンス

貸借対照表

リース債権	買掛金
819万円	1,000万円

損益計算書

受取利息	50万円
利　益	50万円

いずれの方法によっても貸借対照表については同じ結果に，損益計算書についても利益は同じになることがポイントです。

5-5 リース会社にとっての所有権移転型と移転外型
２つのファイナンス・リース取引の会計処理の違い

> ユーザー（借手）にとって所有権移転ファイナンス・リース取引と所有権移転外ファイナンス・リース取引では，会計処理に差がありました。それでは，リース会社（貸手）の会計処理にどのような相違があるのでしょうか？

■共通点■

リース期間中の会計処理は基本的に所有権移転型か移転外型かで変わりはありません。リース取引から生じた債権はリース会社の貸借対照表の流動資産に計上します。

■３つの相違点■

① リース取引から生じる債権の表示科目

貸借対照表におけるリース取引から生じる債権の表示科目は，所有権移転型であれば「リース債権」とするのに対し，所有権移転外型であれば「リース投資資産」とします。

所有権移転型の場合，リース期間が終了するとリース物件の所有権はユーザーに移転します。所有権移転型の債権は，リース料という金銭債権のみで構成されているため表示科目は「リース債権」となります。

一方で，所有権移転外型の場合は，リース物件はリース会社に返却されるため，リース会社は返却されたリース物件を処分することでリース物件への投資の回収を図ることができます。所有権移転外型の債権は，リース料を受け取る権利と投資の回収という２つの要素から構成されているため，表示科目は「リース投資資産」となります。

② 利息相当額の各期への配分

利息部分は，利息法によりリース期間に配分します。

ユーザー（借手）の場合，所有権移転外型については，リース資産総額に重要性が乏しい場合は，利息法によらず，簡便的な処理を行うことが認められていました。

リース会社（貸手）の処理においても，所有権移転外型の場合は，リース取引に重要性が乏しい場合には，簡便な処理方法として，利息部分をリース期間にわたり定額で配分することができます。

$$\frac{未経過リース料及び見積残存価額期末残高}{未経過リース料及び見積残存価額期末残高＋営業債権期末残高}$$

重要性の判断基準は，上記の比率が10％未満とリース会計基準に定められています。なお，この場合でもリースを主たる事業とする会社の場合は利息法により計算する必要があります。

③ リース期間終了後の会計処理

所有権移転外型の場合，リース物件が返還されます。返還を受けた場合，その資産をリース投資資産から，その後の保有目的に応じて貯蔵品や固定資産に振り替えます。

| One more |

リース債権やリース投資資産は，リース取引が会社の事業の主目的である場合は流動資産に表示します。事業の主目的以外の取引から発生した場合は，決算日から1年以内に入金期限が到来するものは流動資産に計上し，1年を超えて到来するものは固定資産に表示します。

One more

リース会社の儲け

　5−2「リース取引の2つの性質」でみたように，リース会社はメーカーからリース物件を購入し，ユーザーにリースします。リース会社はユーザーに対してどのようにリース料を設定し，利益を得ているのでしょうか。リース物件が車の場合を例に考えてみましょう。

　リース会社は，車の購入価額に加えて，自動車税，事故に備えて加入する保険料，リース会社がこの車を購入するために行った借入の金利などのコストをそれぞれ負担します。リース料は，これらのコストにリース会社の利益を加えることにより設定されます。

```
リース料：年50万円，リース期間：4年
リース料総額の内訳：購入価額：170万円，自動車税：5万円，
                  保険料：5万円，金利：8万円，手数料：12万円
```

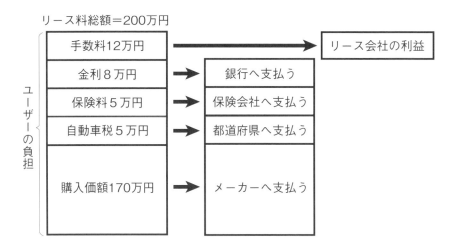

このリース取引では，リース会社はユーザーから４年間で総額200万円のリース料を受け取ります。このうち，車の購入代金としてメーカーへ170万円，自動車税として都道府県へ５万円，保険料として保険会社へ５万円，金利として銀行へ８万円をそれぞれ支払います。そして，残った12万円が手数料，すなわちリース会社が得られる利益となります。
　このように，リース会社は発生するさまざまなコストを回収したうえで会社に利益が残るようにリース料を設定するため，資産の調達コストとしては自己所有の場合より割高になるといわれています。

　次に，リース期間終了後をみてみましょう。
　所有権移転外ファイナンス・リース取引の場合，リース期間終了後に引き続き車が使用可能な状態であれば，ユーザーと再リース契約を締結することや，返却された後に中古車市場で売却することが可能です。再リース契約を締結する場合，当初のリース料よりも割安ではあるものの，再リース料を受け取ることができますし，ユーザーから車が返却される場合には，中古車市場で売却することで，売却代金を受け取ることができます。リース会社は，このようなリース期間終了後の利益も見込んでリース料を設定することになります。仮にリース期間終了後の利益が相当程度見込めるのであれば，リース料を安く設定することも可能になります。
　一方，所有権移転ファイナンス・リース取引の場合，リース期間終了後に車の所有権はユーザーに移転します。したがって，リース会社は，リース期間の中で必要な利益を確保できるようにリース料を設定することになります。

先端設備等投資支援スキーム

　企業の財務に負担をかけないで，最先端設備への投資を促すためにリース手法を活用するスキームが導入されました。これは，激しいグローバル競争に打ち勝つためには，先端医療機器や3Dプリンターなどの最先端設備の設備投資が鍵であるとする日本再興戦略（平成25年6月14日閣議決定）に基づいて実施されることとなった施策です。

　このスキームの特徴は，リース期間が終了し返却されたリース物件をリース会社が売却処分する際に，リース契約締結時に見込んだ売却額を下回ってしまい損失が生じた場合，国が設置した基金からその損失額の一部が補てんされるところにあります。

　最先端の設備を必要とする市場は需要拡大のスピードを見極めることは難しく投資に踏み切れない例も少なくないため，基金による部分的な支援を行うことで，リース会社がリース料を低く設定することが可能となり，企業に大胆な投資を促すことが期待されています。

　支援対象となるリース契約の主な要件は以下になります。

① 先端設備として法令に定められたものをリースにより導入するための契約であること
② 先端設備等は中古品でないこと
③ リース総額の現在価値がリース物件の取得価額の90％未満であること
④ リース期間が経済的耐用年数の75％未満であること

　企業会計基準委員会では，このスキームに対する会計処理に関する実務上の取扱い（実務対応報告第31号）を別途公表しています。このリース取引がファイナンス・リース取引に該当するかどうかの判断については，この本でみてきたリース会計基準が定めた要件に従い行うとしています。

第6章 その他の論点

前章までで，リース取引会計を理解する上で基礎となる項目をみてきました。

第6章は，応用的な論点や税務上の取扱いなどを紹介します。

6-1 不動産の賃借
土地はオペレーティング・リース取引

 土地や建物など不動産の賃借を行う場合についても、ファイナンス・リース取引かどうかの判定を行う必要があるのでしょうか？

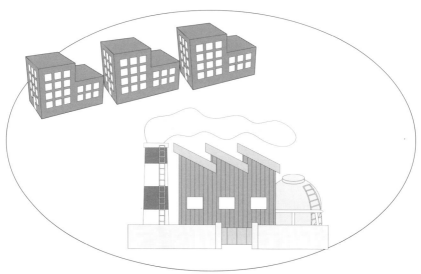

 建物や土地もファイナンス・リース取引になるのかな？

■不動産の賃借と資産計上■

不動産の賃貸借取引も、リース会計基準に従って会計処理を行う必要があります。ただし、不動産はその特性により、次の点に注意しなければなりません。

■建　物■

解約の申し入れを契約終了期間の1ヶ月までに行えば違約金を支払わずに解約できるなどの事前解約予告条項のある短期間の賃貸借は、解約不能の要件を満たしません。そのため、オペレーティング・リース取引として取り扱い、賃貸借処理を行います。

一方で、借手の用途等にあわせて建築されたもので、借手以外の第三者は使用しないと考えられる特別な仕様の物件の場合には、所有権移転ファイナンス・リース取引として貸借対照表に資産計上します。

■土　地■

土地はいつまでも使用できるため、所有権移転条項や割安購入選択権がある場合を除き、通常、フルペイアウトの要件を満たしません。そのため、オペレーティング・リース取引として取り扱い、賃貸借処理を行います。

> **One more**
>
> 土地と建物を一括したリース取引は、リース料総額を土地に係る部分と建物に係る部分とに合理的な方法で分割した上で、それぞれがファイナンス・リース取引に該当するかを判断します。

6-2 セール・アンド・リースバック
売却損益は減価償却期間にわたって繰延処理

リース取引の中には、セール・アンド・リースバックと呼ばれる取引があります。

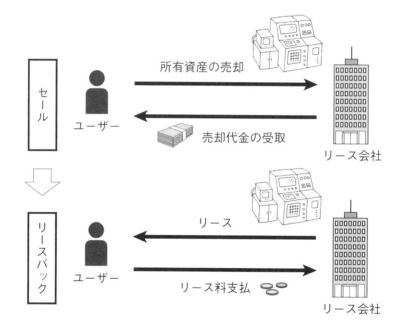

■セール・アンド・リースバックとは■

　セール・アンド・リースバックとは、ユーザーが所有する資産をリース会社などに売却（セール）し、すぐにこの資産をリース会社から借り受ける（リースバック）取引をいいます。セール後リースバックすることから、このように呼ばれます。

　この取引により物件の使用を継続しながら資金を調達できるため、資

産の流動化を図ることができます。そのため、セール・アンド・リースバック取引は、所有物件を担保に資金を借りるのと同様の効果が得られるものであり、資金調達の手段の1つとして用いられることがあります。

■売却とリースを一連の取引とみる■

　ユーザーがリース会社に対象物件を売却する際に、売却価額と帳簿価額に差がある場合、売却損益が発生します。

　仮に、ユーザーが業績を良く見せようと考えたとき、売却価額を帳簿価額より大きくしてセール・アンド・リースバック取引を行うことで、対象物件の使用が継続しているにもかかわらず、売却益を計上することができてしまいます。

　セール・アンド・リースバック取引がファイナンス・リース取引に該当するかどうかは第2章と同様の判定を行います。その結果、当該リース取引がファイナンス・リース取引に該当する場合には、売却取引とリース取引を一連の取引とみなして会計処理を行う必要があります。

■会計処理■

　リース物件の売却に伴い発生した損益は、長期前払費用または長期前受収益等として資産または負債に計上し、リース資産の毎期の減価償却費の割合に応じて減価償却費に加減します。

　これにより、売却に伴う損益を一時に計上することなくリース期間にわたって計上することが可能となります。

　ただし、売却損失が生じている場合において、その原因が物件の市場価額が帳簿価額を下回ることにより生じたものであることが明らかな場合には、損失部分は回収不能であるためこのような繰延処理はせずに、売却時の損失として計上します。

One more

セール・アンド・リースバック取引の仕訳

設例を使って，セール・アンド・リースバック取引の仕訳をみてみましょう。

【設例】
ある食品メーカーが所有する帳簿価額が960万円の製造設備を，リース会社に1,000万円で売却するとともに，リースバックを行った。減価償却方法は定額法。残存価額はゼロ，リースバック後の経済的残存耐用年数は5年である。また，解約不能のリース期間は5年，リース料は年231万円である。
なお，製造設備はこの食品メーカー向けの特別仕様であることもあり，リース取引は所有権移転ファイナンス・リース取引と判定された。

このリース取引はファイナンス・リース取引に該当するため，売却取引とリース取引を一連の取引とみなして会計処理を行うことになります。

① 製造設備の売却
リース物件の売却に伴い40万円の売却益が発生しているため，この売却益を長期前受収益として負債計上します。

（借方）	現金預金	1,000万円	（貸方）	機械装置	960万円
			（貸方）	長期前受収益	40万円

② リース取引の開始
リース取引開始に伴いリース資産およびリース債務を計上します。

（借方）	リース資産	1,000万円	（貸方）	リース債務	1,000万円

③ リース料の支払

契約に基づき，1年目のリース料を支払います。

| （借方） | リース債務 | 181万円 | （貸方） | 現金預金 | 231万円 |
| （借方） | 支払利息 | 50万円 | | | |

④ 決算処理（減価償却の実施と長期前受収益の償却）

定額法による減価償却を実施するとともに，対応する長期前受収益の償却を行います。

| （借方） | 減価償却費 | 200万円 | （貸方） | 減価償却累計額 | 200万円 |
| （借方） | 長期前受収益 | 8万円 | （貸方） | 長期前受収益償却 | 8万円 |

長期前受収益は，毎期のリース資産の減価償却の割合（40万円×(200万円÷1,000万円)）に応じて償却され，減価償却費と相殺します。その結果，減価償却費は，200万円－8万円＝192万円となります。

これは，売却前の帳簿価額である960万円を定額法，償却期間5年，残存価額ゼロで計算した額，960万円÷5年＝192万円と一致します。

下の図は，セール・アンド・リースバック取引を実施しない場合と実施した場合の貸借対照表と損益計算書を比較したものです。

実施した場合の資産・負債，収益・費用をネットして考えると，実施しない場合と同じになります。

• セール・アンド・リースバック取引を実施しない場合

貸借対照表		損益計算書	
機械装置（資産）	768万円	減価償却費	192万円

• セール・アンド・リースバック取引を実施した場合

貸借対照表		損益計算書	
リース資産（資産）	800万円	減価償却費	200万円
長期前受収益（負債）	32万円	長期前受収益償却	8万円
純　額	768万円	純　額	192万円

6-3 中途解約の会計処理
規定損害金は損失処理

リース期間の途中でファイナンス・リース契約が解約された場合は、どのように会計処理されるのでしょうか。
ユーザーとリース会社の会計処理と対比してみてみましょう。

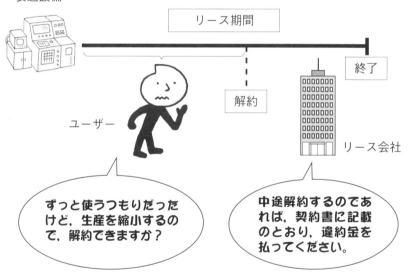

■解約時には違約金が発生■

　ファイナンス・リース取引は，そもそも解約不能のリース取引ですが，それでもリース期間の中途で解約したい場合には，リース料総額のうち，まだ支払っていないリース料の概ね全額を規定損害金として支払うことにより解約することになります。

■ユーザーの会計処理■

以下の例で中途解約する場合を考えましょう。

リース資産計上額1,000万円、減価償却累計額200万円、リース債務819万円、違約金（規定損害金）は900万円です。

① リース資産の返却

| （借方） | 減価償却累計額 | 200万円 | （貸方） | リース資産 | 1,000万円 |
| （借方） | リース資産除却損 | 800万円 | | | |

② 規定損害金の支払

リース債務と規定損害金の差額を、支払額確定時の損失として計上します。なお、リース債務解約損とリース資産除却損は損益計算書上、合算して表示可能です。

| （借方） | リース債務 | 819万円 | （貸方） | 現金預金 | 900万円 |
| （借方） | リース債務解約損 | 81万円 | | | |

■リース会社の会計処理■

貸手であるリース会社は、規定損害金を受け取ります。同様の例で貸手の会計処理のうち第2法の場合を考えましょう。

第2法は、リース料の受取時に売上と売上原価を計上する方法でした。中途解約により、規定損害金として未回収のリース料相当額を受け取ることになるため、リース会社は解約に伴う違約金は売上高、解約時のリース債権残高は売上原価として計上します。

| （借方） | 現金預金 | 900万円 | （貸方） | 売上高 | 900万円 |
| （借方） | 売上原価 | 819万円 | （貸方） | リース債権 | 819万円 |

6-4 転リース
転リース差益の計上

いわゆる「また貸し」することを転リースといいます。元ユーザーは手数料収入を「転リース差益」として損益計算書に計上します。

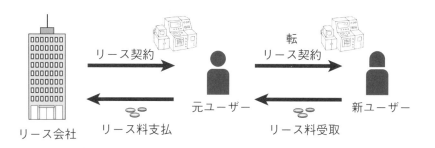

元ユーザーの会計処理
・売上，売上原価は計上しない
・受取リース料と支払リース料の差額は手数料収入（転リース差益として計上）
・リース債権（リース投資資産）とリース債務を計上

■転リースとは■

　転リースとは，リース物件の所有者からリースを受け，さらにその物件を概ね同一の条件で別の第三者にリースする取引をいいます。

　グループ会社の支援のために親会社がリース会社との契約窓口となりそのまま子会社に転貸する場合や，中途解約せざるを得ないユーザーが新ユーザーを見つけてきて同一条件で転貸することで，中途解約による違約金の発生を回避する場合などに利用されます。

　ただし，通常はリース物件の第三者への転貸は契約上禁じられているため，転リースを行うにはリース会社から事前承諾を得る必要があります。

■元ユーザーの会計処理■

元ユーザーにとって、借りる側と貸す側の２つのリース取引がファイナンス・リース取引に該当し、かつ、概ね同一の条件である場合には、売上高や売上原価、支払利息等は計上しません。受取リース料総額と支払リース料総額の差額は、手数料としての性格であると考えられることから、手数料収入として「転リース差益」等の名称で損益計算書に計上します。

一方、貸借対照表上はリース債権（またはリース投資資産）とリース債務の両方を計上します。

■元ユーザーの仕訳■

リース料総額1,155万円、リース資産（リース債務）1,000万円、リース期間５年、リース料231万円（１年目は支払利息50万円、元本の返済181万円）という条件のリース取引を、リース取引開始日後すぐにリース料年236万円で新ユーザーに転リースした場合の仕訳をみてみましょう。

① リース取引開始日				
(借方) リース債権	1,000万円	(貸方)	リース債務	1,000万円
② 新ユーザーからの回収				
(借方) 現金預金	236万円	(貸方)	リース債権	181万円
		(貸方)	預り金※	50万円
		(貸方)	転リース差益	5万円
③ リース会社への支払				
(借方) リース債務	181万円	(貸方)	現金預金	231万円
(借方) 預り金※	50万円			
※利息部分は、新ユーザーから受領しそのままリース会社に支払ったと考えて、受取利息も支払利息も計上せずに預り金を経由させて消去します。				

リース債権とリース債務は、利息控除後の金額とすることが原則ですが、利息相当控除前の金額（1,155万円）で計上することも認められています。

6-5 連結会社間のリース
連結会社間の取引は無かったことにする

支配従属関係にある2つ以上の企業からなる集団(連結グループ)を1つの組織体とみなして作成する財務諸表を「連結財務諸表」といいます。連結会社間でリースを行った場合の連結財務諸表上の会計処理において注意すべき点を確認しましょう。

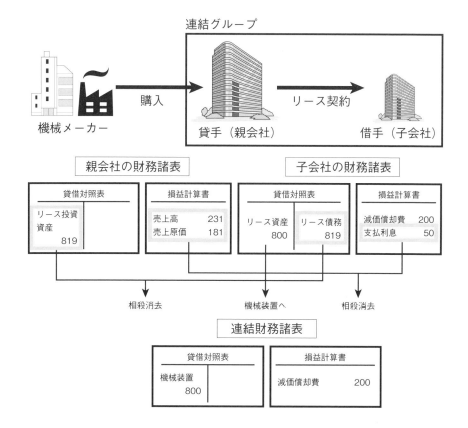

■連結グループとしての取引の意義■

　親会社が機械メーカーから購入した機械を，子会社にリースする場合を考えてみましょう。このリース取引がファイナンス・リース取引に該当する場合，親会社では貸手の会計処理，子会社では借手の会計処理が行われています。しかし，連結グループの観点からみると，連結グループ外から機械を購入して使用しているにすぎません。

　そのため，連結財務諸表では，連結グループ外から購入した価額で機械装置として計上する必要があります。

■連結上の修正処理■

　リース料総額1,155万円，リース資産（リース債務）1,000万円，リース期間5年，支払リース料231万円（1年目は，支払利息50万円，元本の返済181万円）で親会社が子会社にリースしている場合を考えてみましょう。なお，このリース取引は所有権移転外ファイナンス・リース取引と判断されています。

【連結仕訳】
① 債権債務の相殺消去
(借方)　リース債務　　　819万円　　（貸方）　リース投資資産　819万円
② 取引高の相殺消去
(借方)　売上高　　　　　231万円　　（貸方）　売上原価　　　　181万円
　　　　　　　　　　　　　　　　　　（貸方）　支払利息　　　　 50万円
③ 科目の振替え
(借方)　機械装置　　　　800万円　　（貸方）　リース資産　　　800万円

■連結財務諸表上あるべき形を目指す■

　この設例は，親会社，子会社とも原則通りの仕訳を行っている場合ですが，重要性の判断等により，一方だけ簡便法によっている場合もあるかもしれません。そうした場合でも，最終的には連結財務諸表上あるべき機械装置800万円，減価償却費200万円になるように連結修正を行います。

6-6 注　記
リース取引をよりよく理解するために

財務諸表には，貸借対照表や損益計算書をよりよく理解するために，本表に計上された項目の説明や補足する注記が行われます。リース取引の借手である場合，どのような項目を注記する必要があるか確認しましょう。

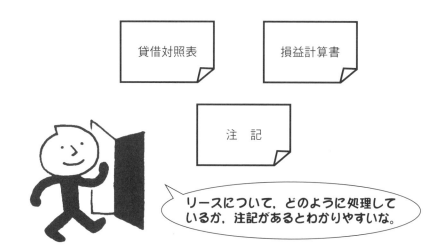

■有価証券報告書の注記■

リース会計基準では，リース取引に関して以下の注記を求めています。

① ファイナンス・リース取引の場合（借手）

リース資産について，その内容（主な資産の種類など）および減価償却方法を注記します。ただし，重要性が乏しい場合には省略することができます。

② オペレーティング・リース取引の場合(借手)

一定の解約禁止期間が設けられている取引については、解約不能のリース取引に係る未経過リース料の金額を、1年内のリース期間に係る金額とそれ以外の金額に区分して注記します。ただし、重要性が乏しい場合には省略することができます。

(借手の注記例)
1. ファイナンス・リース取引
(1) 所有権移転ファイナンス・リース取引
　①リース資産の内容
　　××事業における生産設備(機械装置及び運搬具)であります。
　②リース資産の減価償却の方法
　　自己所有の固定資産に適用する減価償却方法と同一の方法を採用しております。
(2) 所有権移転外ファイナンス・リース取引
　①リース資産の内容
　　××事業における生産設備(機械装置及び運搬具)であります。
　②リース資産の減価償却の方法
　　リース期間を耐用年数とし、残存価額を零とする定額法を採用しております。
2. オペレーティング・リース取引
　解約不能のものに係る未経過リース料(単位:百万円)

	前事業年度	当事業年度
1年内	×××	×××
1年超	×××	×××
合計	×××	×××

> **One more**
>
> 平成19年のリース会計基準の改正前は、所有権移転外ファイナンス・リース取引は、資産計上(売買処理)する処理の例外として、費用処理(賃貸借処理)が認められていました。賃貸借処理した場合、ファイナンス・リース取引がどのくらいあるのかわからないため、補足する情報としてリース物件の取得価額や減価償却累計額、未経過リース料などの注記が求められていました。改正前に実施していたリース取引は賃貸借処理を続けることが認められているため、現在でもこうした注記を目にすることがあります。

One more

「事前解約予告期間」は注記が必要？

　不動産を賃借する際に，中途解約は可能なものの，数ヶ月前の事前解約予告を必要とする契約は多くみられます。予告してから解約日までは解約が不可能なため，この期間は解約不能期間にあたると考えられます。

　オペレーティング・リース取引のうち，解約不能なものに係る未経過リース料は，将来の支払わなければならない債務となるため，重要な情報として注記が求められています。それでは，このような事前解約予告期間についても，注記する必要があるでしょうか？

　ファイナンス・リース取引について，重要性が乏しい場合には，注記を省略することが認められていました。オペレーティング・リース取引の注記も，重要性が乏しいと認められる場合には，注記を省略できます。リース会計基準では，次のいずれかに該当する場合を重要性が乏しく注記を要しないとしています。

---
① リース契約に含まれる個々の物件のリース料が少額資産の基準に満たない場合
② リース期間が1年以内のリース取引
③ 契約上数ヶ月程度の事前予告をもって解約できるものと定められているリース契約で，その予告した解約日以降のリース料の支払を要しない事前解約予告期間に係るリース料
④ 会社の事業内容に照らして重要性の乏しいリース取引で，リース契約1件当たりのリース料総額が300万円以下のリース取引

　事前解約予告期間については上記③に該当し，重要性が乏しいと認められるため，記載を要しないものとされています。

なお，オペレーティング・リース取引として注記するかどうかの判断の前に，このような解約不能期間のあるリース取引がフルペイアウトの要件を満たす場合にはファイナンス・リース取引に該当することになります。しかし，解約不能期間が1年以内である場合には，重要性が乏しいものとして賃貸借処理を行うことが認められています。

　中途解約は可能なものの，事前解約予告が必要な契約についてまとめると以下のようになります。

フルペイアウトの要件	解約不能期間	会計処理	注記
満たさない (オペレーティング・リース取引)	1年超	賃貸借処理	必要
	1年以内	賃貸借処理	不要
満たす (ファイナンス・リース取引)	1年超	売買処理	―
	1年以内	原則：売買処理 容認：賃貸借処理	―

6-7 税務上の取扱い
基本的には会計処理と一致

税務上の取扱いはどうなるのでしょうか？
いわゆる「税務調整」は必要なのでしょうか？

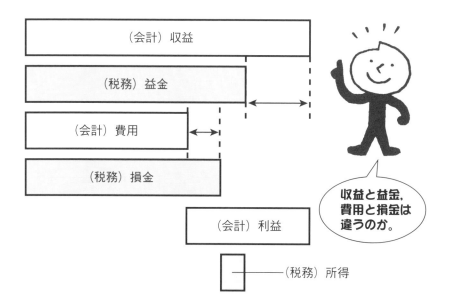

■税務調整とは■

　法人税は益金の金額から損金の金額を控除した所得金額に税率を乗じて計算されます。そのため，会計上の収益および費用の金額と税務上の益金および損金の金額に相違点がある場合には，会計上の利益に相違点の金額を加算または減算して所得金額を計算することが必要となります。

　会計上の利益に加算または減算することを「税務調整」といいます。

■税務調整は通常不要■

　平成19年にリース会計基準が改正された際，税務においてもリース会計基準に合わせる方向で改正が行われました。このためリース取引について，基本的には会計に従った税務処理が認められるため，両者の処理は原則として一致します。そのため，税務調整は通常不要となります。

■税務調整が必要な場合■

　リース取引の会計処理と税務処理は基本的には一致していますが，定義や要件をはじめいくつか相違する部分があります。

　たとえば，所有権移転外ファイナンス・リース取引の減価償却方法もその1つです。法人税法では，所有権移転外ファイナンス・リース取引にかかる借手側の減価償却方法はリース期間定額法に限定されています。一方，会計上は，定額法，定率法，級数法，生産高比例法の中から，実態に応じたものを選択適用することとされています。そのため，会計上で定額法以外を選択した場合には，会計上の費用と税務上の損金の金額に不一致が生じるため，税務調整を行う必要があります。

> **Keyword**
>
> 税務上のリース取引
> 　税務上では，解約不能とフルペイアウトの要件を満たすものを「リース取引」と定義し，売買取引として計算します。すなわち，リース会計基準でいうところの「ファイナンス・リース取引」が税務上の「リース取引」ということになります。よって，オペレーティング・リース取引は，税務上はリース取引以外の賃貸借取引としています。なお，税務上のフルペイアウトの判定基準は現在価値基準のみで，経済的耐用年数基準はないというのも特徴です。

6-8 リース会計の今後
IFRSと日本基準のこれから

これまで日本のリース会計基準について説明を行ってきました。最後に国際的な会計基準の動向を紹介します。今後のリースの会計処理に及ぼす影響はあるのでしょうか？

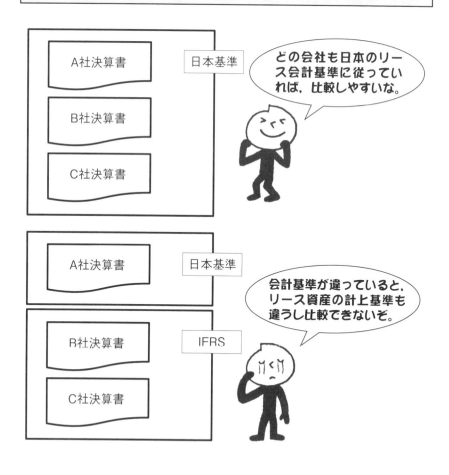

第6章　その他の論点　155

■IFRSとは■

　IFRSとは，"International Financial Reporting Standards" の略で国際財務報告基準を意味します。企業のグローバル化の進展に伴い，決算書が自国以外の国の投資家や株主にも利用されるようになりました。各国の決算書の作成基準が異なると，投資家や株主が決算書の内容を比較できないことから，国際的に統一された会計基準としてIFRSが作成され，それを採用する国が増加しています。

　わが国でも，平成22年3月期から一定の要件を満たす企業についてIFRSの適用が可能となり，海外の証券取引所に上場している企業や海外からの投資資金を呼び込みたい企業を中心に適用が進んでいます。

■IFRSは「支配モデル」■

　IFRSのリース基準（第16号）は平成28年に公表されていますが，日本の基準より広い範囲で，リース資産を貸借対照表に資産計上することを求めています。これはリース対象物そのものではなく，リース対象物を使用する権利を支配しているかどうかという支配モデルを採用しているためです。借手の会計処理において日本の会計基準ではオペレーティング・リース取引として費用処理を行うリース取引についても，リース期間にわたり原資産を使用する権利である「使用権資産」として貸借対照表に計上することとなります。

■わが国のリース会計の今後■

　わが国では現時点においてIFRSの強制適用は予定されていません。ただし，日本の会計基準をIFRSと同水準にする趣旨のもと，各種会計基準が改正されています。そのため，わが国のリース会計基準も，より広い範囲のリース取引について，資産計上を求める時が来るのかもしれません。

■リース用語集■

　リース会計基準では多くの難解な専門用語が登場します。この本で登場した専門用語のうち，リース会計を理解するうえで欠かせない用語について，まとめて確認しておきましょう。

用　語	解　説
リース取引（リース会計基準）	リース期間にわたって物件を賃貸借する取引のことをいいます。リース会計基準では，リース取引を広く賃貸借取引全般と捉えています。 （参照：24ページ COFFEE BREAK）
ファイナンス・リース取引	リース取引のうち，「フルペイアウト」かつ「解約不能」なリース取引をファイナンス・リース取引といいます。 （参照：2－6）
オペレーティング・リース取引	ファイナンス・リース取引以外のリース取引をオペレーティング・リース取引といいます。 （参照：2－6）
フルペイアウト	リース資産を「自分だけで使い切る」ことを指します。使い切っているか否かを判断する基準として，①リース料総額で判断する方法と，②リース期間で判断する方法があります。 （参照：2－7）
解約不能	リース期間の途中で解約が禁止されているリース取引，または，解約には多額の違約金が必要となるなど，実質的に解約ができないリース取引を指します。 （参照：2－13）
所有権移転ファイナンス・リース取引	ファイナンス・リース取引のうち，①所有権移転条項がある，②割安購入選択権がある，③特別使用物件であるのいずれかに該当するリース取引は，所有権が借手に"移転"すると認められることから，所有権移転ファイナンス・リース取引といいます。 （参照：第3章）

所有権移転外ファイナンス・リース取引	所有権移転ファイナンス・リース取引以外のファイナンス・リース取引を所有権移転外ファイナンス・リース取引といいます。 (参照：第3章)
リース料総額の現在価値	将来にわたって支払うリース料の総額から，金利部分を除いた金額を，リース料総額の割引現在価値といいます。 (参照：2－9)
売買処理（資産計上）	売買処理…購入した資産を貸借対照表に計上する方法。この本では，「売買処理」や「資産計上」という言葉が出てきますが，いずれも同じ意味で使われています。 (参照：2－5)
賃貸借処理（費用処理）	賃貸借処理…支払うリース料（賃借料）を損益計算書に費用として計上する方法。この本では，「賃貸借処理」や「費用計上」という言葉が出てきますが，いずれも同じ意味で使われています。 (参照：2－5)

【執筆者紹介】

中川　政人
公認会計士。第5事業部に所属。
大手建設業，大手食品製造業，専門商社等の監査，内部統制助言業務，IFRS対応業務等に関与。日本公認会計士協会　監査・保証実務委員会委員。

中條　真宏
公認会計士。第5事業部に所属。
主に，建設業界，住宅および住宅関連業界，製造業の監査業務やデューデリジェンス業務に加えて，執筆やセミナー講師も行っている。

鈴木　大介
公認会計士。第5事業部に所属。
住宅および住宅関連業界，素材産業，情報・通信業，卸売業等の監査業務に加えて，IFRS対応業務，上場準備業務等に関与。

廣住　成洋
公認会計士。福岡事務所に所属。
自動車産業，消費財産業，倉庫・物流業，化学産業等の監査業務に加えて，内部統制支援業務及びIFRS対応業務等に関与。

【編者紹介】

EY | Assurance | Tax | Transactions | Advisory

新日本有限責任監査法人について
新日本有限責任監査法人は，EYメンバーファームです。全国に拠点を持つ日本最大級の監査法人業界のリーダーです。監査および保証業務をはじめ，各種財務アドバイザリーの分野で高品質なサービスを提供しています。EYグローバルネットワークを通じ，日本を取り巻く経済活動の基盤に信頼をもたらし，より良い社会の構築に貢献します。詳しくは，www.shinnihon.or.jp をご覧ください。

EYについて
EYは，アシュアランス，税務，トランザクションおよびアドバイザリーなどの分野における世界的なリーダーです。私たちの深い洞察と高品質なサービスは，世界中の資本市場や経済活動に信頼をもたらします。私たちはさまざまなステークホルダーの期待に応えるチームを率いるリーダーを生み出していきます。そうすることで，構成員，クライアント，そして地域社会のために，より良い社会の構築に貢献します。

EYとは，アーンスト・アンド・ヤング・グローバル・リミテッドのグローバルネットワークであり，単体，もしくは複数のメンバーファームを指し，各メンバーファームは法的に独立した組織です。アーンスト・アンド・ヤング・グローバル・リミテッドは，英国の保証有限責任会社であり，顧客サービスは提供していません。詳しくは，ey.com をご覧ください。

本書は一般的な参考情報の提供のみを目的に作成されており，会計，税務およびその他の専門的なアドバイスを行うものではありません。新日本有限責任監査法人および他のEYメンバーファームは，皆様が本書を利用したことにより被ったいかなる損害についても，一切の責任を負いません。具体的なアドバイスが必要な場合は，個別に専門家にご相談ください。

図解でざっくり会計シリーズ 8
リース会計のしくみ

2015年2月20日　第1版第1刷発行
2023年3月5日　第1版第18刷発行

編　者　新日本有限責任監査法人
発行者　山　本　　　　継
発行所　㈱中　央　経　済　社
発売元　㈱中央経済グループ
　　　　　パブリッシング

〒101-0051　東京都千代田区神田神保町1-31-2
電話　03（3293）3371（編集代表）
　　　03（3293）3381（営業代表）
https://www.chuokeizai.co.jp
印刷／昭和情報プロセス㈱
製本／㈲井上製本所

© 2015 Ernst & Young ShinNihon LLC.
All Rights Reserved.
Printed in Japan

＊頁の「欠落」や「順序違い」などがありましたらお取り替えいたしますので発売元までご送付ください。（送料小社負担）
ISBN978-4-502-13061-8　C3034

JCOPY〈出版者著作権管理機構委託出版物〉本書を無断で複写複製（コピー）することは、著作権法上の例外を除き、禁じられています。本書をコピーされる場合は事前に出版者著作権管理機構（JCOPY）の許諾を受けてください。
　JCOPY〈https://www.jcopy.or.jp　e メール：info@jcopy.or.jp〉